Shylet Tsoca

Os efeitos da língua inglesa como meio de instrução em África

Shylet Tsoca

Os efeitos da língua inglesa como meio de instrução em África

ScienciaScripts

Imprint

Any brand names and product names mentioned in this book are subject to trademark, brand or patent protection and are trademarks or registered trademarks of their respective holders. The use of brand names, product names, common names, trade names, product descriptions etc. even without a particular marking in this work is in no way to be construed to mean that such names may be regarded as unrestricted in respect of trademark and brand protection legislation and could thus be used by anyone.

Cover image: www.ingimage.com

This book is a translation from the original published under ISBN 978-3-659-93026-3.

Publisher:
Sciencia Scripts
is a trademark of
Dodo Books Indian Ocean Ltd. and OmniScriptum S.R.L publishing group

120 High Road, East Finchley, London, N2 9ED, United Kingdom
Str. Armeneasca 28/1, office 1, Chisinau MD-2012, Republic of Moldova, Europe
Printed at: see last page
ISBN: 978-620-7-92053-2

UNIVERSIDADE DE ESSEX WIVENHOE PARK, COLCHESTER

O inglês é realmente essencial no sistema educativo do Zimbabué e traz realmente vantagens sociais e económicas? Deverá, portanto, ser considerado como o meio de instrução nas escolas primárias do Zimbabué? Se o inglês for o único meio de ensino, não estará a provocar a morte das línguas vernáculas?

RESUMO

Este artigo examina e avalia o papel que o inglês desempenha no sector educativo do Zimbabué. Analisa, sobretudo, a utilização do inglês como meio de instrução no ensino no Zimbabué e se este traz ou não vantagens para os alunos. A falta de políticas linguísticas que favoreçam as línguas indígenas em África, especificamente no Zimbabué, está a causar a morte de línguas menores e a afetar o sector da educação. Este documento centra-se especificamente no papel do inglês no Zimbabué pós-colonial e analisa a razão pela qual a sua política linguística continua a favorecer o inglês como meio de instrução no ensino primário, secundário e superior. Examina se os decisores políticos no Zimbabué têm realmente escolha ou não no que diz respeito à adoção do inglês como meio de instrução nas escolas. A questão a que este documento tenta responder é se a África, neste caso o Zimbabué, está ou não a ser assolada pelo imperialismo linguístico e, em caso afirmativo, se será possível ser descolonizada da mentalidade que considera o inglês como a melhor língua para usar como meio de instrução. Além disso, o documento é um apelo aos decisores políticos do Zimbabué para que revejam as suas políticas linguísticas e se concentrem mais em todas as línguas indígenas como meios de instrução nas escolas, pelo menos até ao fim da escola primária, pois é um direito da criança aprender na sua língua materna, uma vez que a utilização das línguas maternas como meios de instrução ajuda no desempenho da criança e garante a continuidade das línguas.

AGRADECIMENTOS

Este foi um trabalho que exigiu muito esforço e trabalho árduo. A minha sincera gratidão ao meu Orientador Professor Peter Patrick pela dedicação e grande ajuda. Estendo também a minha gratidão aos meus pais e irmãs em especial a Norest pelo apoio e aos meus Superiores do Instituto Politécnico de Manica, não teria sido possível sem a vossa grande ajuda. Agradeço também aos meus amigos pelo apoio moral ao longo do ano, todos vocês tornaram suportável e fácil terminar o meu trabalho e entregá-lo a tempo. Todos vocês desempenharam um papel importante e eu não teria conseguido sem a vossa ajuda.

CAPÍTULO 1

INTRODUÇÃO

1.1   Introdução ao estudo:

As questões-chave que motivam este estudo são O inglês é realmente essencial no sistema educativo do Zimbabué e traz realmente vantagens sociais e económicas? Deverá, portanto, ser considerado como o meio de instrução nas escolas primárias do Zimbabué? Se o inglês for o único meio de instrução, não estará a provocar a morte das línguas vernáculas?

1.2   Contexto: Educação n em África Multilingue

Passaram décadas desde que África conseguiu libertar-se das garras do colonialismo e, desde então, registaram-se mudanças dramáticas a nível mundial (Laumann 2013). Os países africanos tentaram corrigir políticas que ainda tinham as suas raízes no colonialismo, neste caso a questão linguística. Muito tem sido feito em África para o desenvolvimento nacional, mas tem havido obstáculos ao longo do caminho. Um desses obstáculos é a relutância ou a incapacidade de abordar o fator língua na educação, na ciência e na tecnologia, que são o pináculo do desenvolvimento nacional (Chumbow 2005). Esta tem sido uma questão de grande debate em África e alguns governos africanos têm adotado políticas num esforço para corrigir este erro, por exemplo, o conhecido caso da Tanzânia (Rubagumya 1990, Blommaert 2006). As políticas linguísticas na maioria dos países da África Subsariana evoluíram através de uma série de fases historicamente delimitadas: pré-colonial, colonial, início da independência e desenvolvimento desde a Conferência da UNESCO de 1990 sobre Educação para Todos, realizada em Jomtien (Heugh 2005:103).

A situação linguística em África é, no entanto, muito complexa, uma vez que o número de línguas faladas em África varia entre 1.000 e 2.500 línguas indígenas e não existe praticamente nenhum Estado monolingue (Ouane e Glanz 2010). De acordo com Heugh (2005), os conselheiros e responsáveis pela educação afirmam que as línguas africanas são abundantes e não têm tradições escritas e não transmitem conceitos matemáticos ou científicos. A multiplicidade de línguas em África é considerada como uma barreira de comunicação e vista como sinónimo de conflitos e tensões (Ouane e Glanz 2010). As línguas europeias sobrepuseram-se às diferentes línguas africanas e tornaram-se a língua da educação, do governo, do comércio e da unidade política (Tiffen 1968).

A política linguística e a educação em África evoluíram até certo ponto. Nos países que sofreram o domínio colonial britânico, o inglês ocupava uma posição importante desde a era colonial. Nas antigas colónias britânicas, a política consistia em iniciar o ensino primário numa língua vernácula compreendida pelos alunos e, passados alguns anos, mudar para um ensino totalmente em inglês. Esta tendência manteve-se na África pós-independência em países como a Nigéria e o Zimbabué, com exceção de alguns países, por exemplo, a Tanzânia e a Namíbia. Em alguns Estados africanos da

Commonwealth, verificou-se que a tendência está a mudar para a introdução do inglês nos primeiros anos de escolaridade e alguns estão a optar por uma educação totalmente em inglês para os seus filhos. No Zimbabué, por exemplo, as línguas autóctones são utilizadas como meio de instrução até ao terceiro ano de escolaridade e o inglês assume o controlo até ao ensino superior. A situação não é muito diferente da que existia na era colonial. No entanto, vários países adoptaram uma língua africana como meio de instrução, por exemplo a Etiópia, a Somália, a Tanzânia, o Malawi, a Namíbia e a África do Sul (Heugh 2005). Apesar dos esforços efectuados pelos países acima mencionados, o inglês continua a ocupar uma posição significativa (Heugh 2008). Recentemente, países como a África do Sul e o Zimbabué alteraram as suas políticas linguísticas, adoptando muitas línguas como línguas oficiais. No entanto, isto tem os seus problemas, como se verá mais adiante no capítulo 5.

1.2.1 Contexto: Zimbabué

O Zimbabué é um país sem litoral situado na África Austral. Faz fronteira com o Botswana, Moçambique, África do Sul e Zâmbia. (Chebanne e Nthapelelang 2000). O Zimbabué foi colonizado pelos britânicos e era conhecido como Rodésia durante o domínio colonial. [th]Depois de uma brutal guerra de guerrilha contra os britânicos, o Zimbabwe conseguiu obter a independência em 18 de abril de 1980. Desde a sua independência, o Zimbabué tem utilizado uma Constituição redigida em 1979 na Lancaster House. A constituição de 1979 não mencionava qualquer língua oficial. Por conseguinte, o Zimbabué deu um grande salto, ou seja, passou da ausência de língua oficial para a declaração de 16 línguas como línguas oficiais na constituição de 2013 (Johnson 2012). A última constituição foi aprovada pelo parlamento em 9th de maio de 2013 (CIA World fact book).

Durante o domínio colonial, a educação estava dividida por motivos raciais e os negros, na sua maioria, conseguiam ir até à quinta, sexta e, no máximo, sétima classe, com um exame final que permitia que apenas alguns prosseguissem para o ensino secundário (WOZA 2010). Apenas alguns negros privilegiados conseguiam entrar nas escolas missionárias e obter uma educação decente, mas só podiam servir os interesses dos britânicos. Os exames, tanto a nível primário como secundário, eram efectuados a partir de Cambridge, na Grã-Bretanha, e eram mais difíceis para os africanos, que tinham poucos conhecimentos do inglês e da cultura britânicos.

Depois de conquistar a sua independência dos britânicos, o Zimbabué trabalhou no sentido de corrigir o sistema de ensino tendencioso que herdou dos seus colonizadores e que favorecia os brancos em detrimento da maioria negra (Shizha e Kariwo 2011). Houve um aumento do número de escolas primárias e secundárias nas zonas rurais e remotas e muitas pessoas foram matriculadas nas escolas. A Lei da Educação de 1987 especificava que os alunos deviam tornar-se bilingues em inglês e em shona ou ndebele e que o inglês devia ser o meio de instrução a partir do quarto ano ou antes (Weber 2014). No entanto, a Lei da Educação de 2006 foi mais longe do que a de 1987, reclassificando algumas línguas minoritárias como línguas indígenas que podem ser ensinadas ou utilizadas como meio de instrução nas escolas. Estas línguas incluem o Shangani, o Tonga, o Venda e o Nambya, mas continuam a excluir uma série de línguas indígenas mais pequenas (Makoni 2011).

No entanto, o Zimbabué continua a não resolver adequadamente o problema da língua de ensino na educação. A sua política linguística no domínio da educação tem ainda as suas raízes na prática colonial, em que as línguas indígenas eram restringidas aos graus inferiores do ensino primário. As tentativas de alterar esta situação tiveram resultados maioritariamente negativos, uma vez que os pais e os alunos preferem uma educação baseada no inglês, que é vista como tendo algumas vantagens em relação às línguas indígenas, uma vez que está ligada a um futuro mais brilhante e bem sucedido. É a isto que Phillipson (1992) chama imperialismo linguístico (ver Cap. 2).

1.3   Objectivos do estudo

Os principais objectivos deste estudo são:

I)   Analisar a política linguística do Zimbabué e avaliar o sucesso das autoridades na aplicação das políticas no domínio da educação.

II)   Explorar as razões pelas quais o inglês é tido em alta estima e continua a dominar o sector da educação e como se tornou uma língua de imperialismo nas salas de aula do Zimbabué, e considerar se o status quo está a promover isto

III) Examinar o estado do ensino baseado no inglês no Zimbabué e explorar a forma como a utilização continuada do inglês como meio de instrução, tanto nas escolas primárias como nas escolas secundárias, está a ter impacto no desempenho dos alunos.

IV)   Analisar o lugar das línguas indígenas nos primeiros anos de escolaridade para verificar se são efetivamente utilizadas e se promovem o sucesso escolar.

V)   Examinar as tendências das taxas de aprovação nos últimos anos, antes e depois da implementação da política linguística pós-independência, e apresentar possíveis razões para os padrões observados nos resultados.

VI)   Examinar se o Zimbabué e outros países africanos foram descolonizados com sucesso da mentalidade de que o inglês é melhor do que as línguas indígenas africanas na educação e na governação e que é o único caminho para um melhor emprego e uma vida melhor. Será que aceitam o facto de as línguas africanas poderem ser utilizadas como línguas de ciência e desenvolvimento, tanto quanto as línguas europeias?

VII) Recomendar a utilização da língua materna no ensino, a fim de melhorar o desempenho e garantir uma melhor qualidade do ensino, o que contribuirá para o crescimento do país, uma vez que a educação é o pilar do desenvolvimento de um país.

CAPÍTULO 2

REVISÃO DA LITERATURA

2.1 Introdução

Este capítulo é uma panorâmica da investigação relativa à contínua difusão do inglês. Explora o que os linguistas consideram ser os efeitos da difusão do inglês nas línguas com que entra em contacto. Considera o imperialismo linguístico e a forma como este afecta outras línguas, especialmente as línguas menores. Explora a sugestão de que a adoção mundial do inglês como língua internacional está a fazer com que as línguas se tornem ameaçadas de extinção. O foco é a razão pela qual o inglês continua a ser a língua preferida nos países pós-coloniais da África Subsariana, mesmo depois da independência dos colonizadores britânicos, especialmente no Zimbabué, na África do Sul e na Nigéria. Além disso, explora a importância do ensino da língua materna em África.

2.2 O inglês como língua internacional: A razão da sua contínua disseminação

O inglês espalhou-se inicialmente por todo o mundo com a ajuda do colonialismo (Crystal 2003). Enquanto o inglês foi imposto pela força nos tempos coloniais, as políticas linguísticas contemporâneas são determinadas pelo estado do mercado (procura) e pela força da argumentação (planeamento racional à luz dos factos disponíveis). A África recebe "ajuda" do Banco Mundial para a educação e há uma tendência para ignorar a língua africana a favor das línguas europeias, uma vez que se diz que estas se adequam à tarefa de desenvolver as economias e as mentes africanas (Phillipson 1997). O inglês passa a ser exigido no ensino para se obter 'ajuda' do Banco Mundial e de outras organizações. As políticas educativas do Banco Mundial e do FMI têm políticas que não incentivam as línguas africanas:

A verdadeira posição do Banco Mundial... encoraja a consolidação das línguas imperiais em África... o Banco Mundial não parece considerar a africanização linguística de todo o ensino primário e para além dele como um esforço que mereça a sua consideração. A sua publicação sobre estratégias para estabilizar e revitalizar as Universidades, por exemplo, não faz absolutamente nenhuma menção ao lugar da língua neste nível terciário da educação africana (Mazrui 1997:39 citado em Phillipson 1997)

O discurso que acompanha e legitima a exportação do inglês para o resto do mundo tem sido tão persuasivo que o inglês tem sido equiparado ao progresso e à prosperidade (Phillipson 1992).

O inglês tornou-se a língua dominante em muitos países do mundo. De acordo com Phillipson (1992), a difusão da língua inglesa foi acelerada pela necessidade mundial de uma língua comum para facilitar a comunicação global. Uma vez que muitos países se estão a juntar para comunicar e muitas pessoas estão a viajar para muitos lugares, tem havido uma pressão sobre os recursos convencionais de tradução e interpretação, o que torna necessária uma língua global (Crystal 2003). De uma língua menor em 1600, o inglês passou a ser, em menos de quatro séculos, a principal língua da comunidade internacional no mundo atual (Troike 1977:2 citado em Phillipson 1992). Começou a espalhar-se pelo mundo com as viagens pioneiras para as Américas em 1600, depois para a Ásia em 1600 com a formação da Companhia Britânica das Índias Orientais - um grupo de comerciantes londrinos com um monopólio comercial emitido pela Rainha Isabel I, e para os Antípodas (Crystal 1997). Com a independência americana em 1776, muitos apoiantes leais da Grã-Bretanha emigraram para o Canadá, difundindo assim ainda mais o inglês. O inglês espalhou-se depois para a Austrália na década de 1700, quando a primeira colónia penal foi estabelecida em Sydney, em 1770, e os comerciantes e baleeiros começaram a estabelecer-se na Nova Zelândia na década de 1790. [th]Esta expansão continuou com os desenvolvimentos coloniais do século XIX em África e no Pacífico Sul, e deu mais um passo quando o inglês foi adotado como língua oficial ou semi-oficial por muitos dos novos Estados independentes (Crystal 1997). Foi esta migração contínua de falantes de inglês, o colonialismo, o papel internacional e a influência dos EUA, o comércio, as comunicações internacionais, os meios de comunicação social, os filmes, etc., e a difusão de novas tecnologias que elevaram o inglês a língua global (Crystal 2003).

O inglês tem vindo a assumir o papel de língua mundial. Uma língua mundial é uma língua utilizada em vastas áreas do mundo (Eastman 1983). Uma língua torna-se uma língua mundial não só pelo número de falantes mas também por quem a fala. O latim foi uma língua internacional durante todo o Império Romano porque os romanos eram poderosos e, quando o Império Romano se desmoronou, o latim continuou a ser uma língua internacional durante mais um milénio devido ao poder do catolicismo romano (Crystal 2003). De acordo com Crystal (1987:358) citado em Pennycook (2013), o inglês é utilizado como língua oficial ou semi-oficial em mais de 60 países e ocupa um lugar de destaque noutros 20. As estatísticas apresentadas em Crystal (2003) sugerem que cerca de um quarto da população mundial já é fluente ou competente em inglês e que este número continua a crescer. Uma língua oficial é uma língua reconhecida pela legislação de um país e com uma descrição clara da natureza do seu reconhecimento. Pode tratar-se de funções estatutárias, de trabalho ou simbólicas, ver https://www.ethnologue.com/about/language-status). Eastman (1983:6), por outro lado, define uma língua oficial como 'uma língua utilizada para tratar de assuntos governamentais'. O inglês é visto como a língua oficial ou de trabalho de muitas reuniões internacionais em todo o mundo (Crystal 2003 citado em Plonski et al. 2013). O inglês tornou-se a principal língua dos livros, jornais, aeroportos e controlo do tráfego aéreo, negócios internacionais e conferências académicas, ciência, tecnologia, medicina, diplomacia, desporto, competições internacionais, música pop e publicidade. Mais de dois terços dos cientistas do mundo escrevem em inglês e, de toda a informação nos sistemas electrónicos de recuperação do mundo, 80% é armazenada em inglês (Pennycook 2013).

Embora haja necessidade de uma língua global, não se pode ignorar que ela tem os seus efeitos negativos. De acordo com Crystal (1997), uma língua global pode influenciar a estrutura de outras línguas. Um sintoma do impacto do inglês é o empréstimo linguístico. Trata-se da intrusão do inglês nas línguas com que entra em contacto (Phillipson 1992). Isto pode ser notado nos empréstimos lexicais em Shona urbano (uma língua falada no Zimbabué) do Inglês, onde temos palavras como *bigaz* 'grande', *taimu* 'tempo' e *tonaz* 'cidade' (Brutt-Griffler 2006:47). O inglês também fornece palavras de empréstimo para serem usadas por outras línguas, nalguns casos isto pode ser bem-vindo, pois enriquece uma língua, mas também pode ser negativo, pois prejudica a estrutura de uma língua e pode também levar à sua morte. O francês tentou proteger-se por lei contra a intrusão da língua inglesa: oficialmente, é ilegal usar uma palavra inglesa quando já existe uma palavra francesa, mesmo que se trate de uma utilização generalizada e popular (Crystal 2003:23)

O inglês é atualmente uma língua mundial, uma vez que é a língua utilizada pela maioria das pessoas a nível global. De acordo com Crystal (1997), uma língua atinge um verdadeiro estatuto global quando desenvolve um papel especial que é reconhecido em todos os países, aceite por outros países do mundo e lhe é atribuído um lugar especial nas suas comunicações, mesmo que tenha poucos ou nenhuns falantes da língua materna. O inglês é o melhor exemplo deste papel, pois tem atualmente um estatuto especial em mais de setenta países, como a Nigéria, o Zimbabué, a Índia e muitos outros (Crystal 2003). Smith (2011) escreve que o inglês é atualmente considerado a principal língua internacional devido à sua utilização oficial e internacional generalizada, como língua franca e como a principal língua dos negócios, dos meios de comunicação social, da tecnologia e da diplomacia.

2.3   O inglês e o imperialismo linguístico

O imperialismo linguístico é uma construção teórica, concebida para explicar a hierarquização linguística, de modo a abordar questões como a razão pela qual algumas línguas são mais utilizadas do que outras, que estrutura ajuda neste sentido e o papel dos profissionais da língua (Phillipson 1997). Como indicado por Phillipson (2009), o imperialismo linguístico pode ser visto como uma subcategoria do imperialismo cultural, juntamente com o imperialismo dos media, o imperialismo educacional e o imperialismo científico. Em África, podemos concluir que o inglês está associado ao imperialismo linguístico, uma vez que domina os meios de comunicação social, o sistema educativo e a ciência na maioria dos Estados africanos. Um sociolinguista do Gana descreveu o imperialismo linguístico como

> O fenómeno em que as mentes e as vidas dos falantes de uma língua são dominadas por outra língua ao ponto de acreditarem que podem e devem usar apenas essa língua estrangeira quando se trata de transacções que lidam com os aspectos mais avançados da vida, como a educação, a filosofia, a literatura, os governos, a administração da justiça, etc..... O imperialismo linguístico tem uma forma de deformar as mentes, as atitudes e as aspirações mesmo dos mais nobres de uma sociedade, impedindo-os de apreciar e realizar todo o potencial das línguas indígenas (Ansre 1979:12 citado em Phillipson 2009).

Cooke (1988) argumenta que o inglês é uma língua do imperialismo e de interesse particular de classe. Chama a atenção para as implicações morais e políticas do ensino do inglês em todo o mundo, em termos da ameaça que representa para as línguas autóctones e do papel que desempenha como porta de acesso a melhores empregos em muitas sociedades.

Não há dúvida de que o inglês representa uma ameaça para outras línguas, e pode ser visto como uma língua imperial e uma língua do capitalismo global que cria e mantém divisões sociais (Mazrui 2004 citado em Phillipson 2009). É a isto que Day (1980), citado em Pennycook (2013), chama "genocídio linguístico". O genocídio linguístico é a substituição sistemática de uma língua indígena por uma língua de um grupo dominante externo, o que leva a uma mudança linguística permanente e à morte da língua indígena (Day). Gandhi e Nehru alertaram contra uma concentração excessiva no inglês em avisos de importância global (Phillipson 2009). Gandhi considerou a vasta difusão do inglês como uma escravatura e escreveu uma vez

> Dar a milhões de pessoas o conhecimento do inglês é escravizá-las... Não é doloroso que, se eu quiser ir a um tribunal de justiça, tenha de utilizar a língua inglesa como meio de comunicação, que, quando me tornar advogado, não possa falar a minha língua materna e que alguém tenha de me traduzir da minha própria língua? Não será isto absolutamente absurdo? Não será um sinal de escravatura? (Citado em Crystal 1997:144).

Este cenário é típico dos tribunais superiores da Tanzânia, onde o inglês é muito utilizado, mesmo que o juiz, os procuradores e os advogados de defesa saibam falar Kiswahili. Mas como lidam frequentemente com pessoas que não falam inglês (arguidos, testemunhas, queixosos), são por vezes forçados a falar Kiswahili e/ou a alternar entre o inglês e o Kiswahili (Rubagumya 1990). A questão a colocar aqui é qual o papel que a língua inglesa desempenha neste cenário? Parece que os próprios africanos consideram que as suas línguas não são adequadas neste sector, ou seja, na implementação da justiça. O sistema jurídico da Tanzânia, tal como o da maioria dos países africanos, tem como modelo o sistema jurídico inglês. A maior parte das suas leis são escritas em inglês, baseadas em leis inglesas e aqueles que se formam para a profissão jurídica são formados em inglês para um sistema jurídico que é basicamente orientado para o inglês (Rubagumya 1990).

A difusão contínua do inglês é muitas vezes vista de forma negativa, mas trouxe alguns aspectos positivos. O principal ponto contra o crescimento contínuo da utilização do inglês é o seu impacto nas línguas com que se depara, ou seja, a pureza de uma língua e, em alguns casos, a sua vitalidade, tal como referido na secção 2.1 deste capítulo. Na maioria dos casos, as pessoas optam por utilizar o inglês em detrimento das suas próprias línguas indígenas porque, para elas, o inglês tem mais para oferecer (melhores empregos e posição social), o que está a levar à extinção ou quase extinção de certas línguas minoritárias. É esta a situação a que assistimos no contexto judicial do Zimbabué, acima referido.

Djite (2006:417) argumenta, no entanto, que a língua, por si só, não é má, mas o desequilíbrio e o desempoderamento residem mais nas estruturas sociais que procuram desfazer uma hierarquia linguística onde uma gestão equilibrada do multilinguismo é possível e deveria normalmente prevalecer. Em África, verifica-se que a língua está a ser utilizada de diferentes formas para excluir grupos e classes de pessoas. Os governantes e decisores políticos africanos devem acabar com o mercado linguístico herdado dos senhores coloniais, que favorece as línguas coloniais, de modo a eliminar as desigualdades sociais da era colonial que ainda persistem no sistema pós-colonial (Alexander 2009).

2.4   O papel do inglês na África pós-colonial

Depois de suportar muitos anos dolorosos de colonialismo às mãos dos britânicos, o Zimbabué, a Nigéria, a Zâmbia e muitos outros países africanos continuam a ter o inglês como a língua mais poderosa nos seus países, em detrimento das suas línguas indígenas. De acordo com Nhongo (2013), os líderes africanos lamentam o domínio das antigas línguas coloniais, mas a questão não deve ser culpar a antiga potência colonial, uma vez que não sugeriram diretamente que os países africanos deveriam continuar a utilizar as suas línguas. Para Nhongo, deveria ser opção dos dirigentes abandonar as línguas ex-coloniais e adotar as suas próprias línguas indígenas. No entanto, este é um ponto de vista contraditório, tal como referido anteriormente na secção 2.1, que salienta que a utilização da língua inglesa não é, na maioria dos casos, uma escolha, mas sim uma exigência do mercado, ou seja, de Estados e organizações poderosas que dão 'ajuda' a África.

Durante a Declaração de Harare (1997), os Ministros e Chefes de Delegação dos Estados africanos deixaram claro que estavam conscientes de que as políticas linguísticas implementadas desde a independência favorecem as línguas coloniais e que todas as recomendações feitas para tentar corrigir este erro não foram implementadas. Esta declaração de Harare será explicada em pormenor no capítulo 4 do presente documento.

Isto pode ser visto como aquilo a que Spolsky (2006) se refere como fracassos da política linguística, que podem ser definidos como a não implementação de uma decisão tomada pelo governo ou o fracasso apesar dos esforços de implementação. Como refere Spolsky (2006), as antigas colónias britânicas em África mantiveram os modelos coloniais de políticas linguísticas, com as línguas vernáculas limitadas ao ensino primário inicial, à exceção de alguns países que avançaram para o desenvolvimento das suas línguas vernáculas como línguas educativas e governamentais. A Tanzânia é um bom exemplo deste último caso.

2.4.1 O papel do inglês na Tanzânia

A Tanzânia é geralmente vista como o melhor exemplo de planeamento linguístico bem sucedido a favor de uma língua africana autóctone (Rubagumya 1990). Rubagumya (1990) argumenta, no entanto, que este sucesso é sobrevalorizado, uma vez que a Tanzânia, tal como a maioria dos países africanos, ainda considera o inglês como o meio de instrução adequado acima do nível primário. A Tanzânia considera o Kiswahili como a sua língua oficial, mas continua a utilizar o inglês no ensino secundário e superior (Vavrus 2002 citado em Spolsky 2006).

Fasold (1984:292 citado em Rubagumya (1990) argumenta que há três pontos principais a ter em conta ao escolher uma língua para o ensino:

1. Os futuros alunos conhecem a língua suficientemente bem para aprenderem eficazmente através dela?
2. A escolha proposta seria coerente com o objetivo nacionalista global?
3. A língua em si, o material nela escrito e o número de pessoas capazes de a ensinar são adequados para a utilização no nível proposto?

Fasold argumenta ainda que o Kiswahili se qualificaria como um meio de instrução com base nos dois primeiros critérios, mas o terceiro é o que está a impedir que se torne a língua de instrução no ensino superior. O problema com este argumento é que nem o material escrito em inglês nem as pessoas capazes de o ensinar são suficientes na Tanzânia (Rubagumya 1990). Assim, este não é um argumento sólido a favor da razão pela qual a Tanzânia ainda não está a utilizar o Kiswahili no ensino superior.

Uma vez que a língua inglesa se tornou a língua predominante para a comunicação, a ciência e a tecnologia em todo o mundo, é possível que os decisores políticos da maioria dos países do terceiro mundo, especialmente em África, sejam forçados a ter o inglês como língua oficial. Para afirmar este ponto de vista, Pennycook (2013) escreve que há uma falha em problematizar a noção de escolha no que diz respeito à adaptação do inglês em diferentes países, assumindo assim que os indivíduos e os países estão de alguma forma livres de constrangimentos económicos, políticos e ideológicos quando aparentemente optam livremente pelo inglês. Como vimos anteriormente, na maioria dos casos, os governos não têm escolha, mas são forçados a optar pelo inglês como língua oficial no seu país, de modo a colocarem o seu país no mapa internacional e a usufruírem dos benefícios associados à língua. Na Tanzânia, verificou-se que a principal objeção à utilização do Kiswahili como meio de instrução não é o facto de o Kiswahili ser inadequado para o efeito, mas porque se acredita que se o Inglês não for utilizado, a Tanzânia será 'deixada para trás' em termos de desenvolvimento científico e tecnológico (Rubagumya 1990).

2.4.2 O papel do inglês na Nigéria independente

Batibo (2009) escreve que os conflitos, especialmente em África, constituem um fator importante para a mudança ou morte da língua. Esta parece ser a questão da incapacidade da Nigéria para adotar uma das suas línguas vernáculas como língua oficial. Após a independência da Nigéria, foram escritos vários artigos que sugeriam a adoção de uma língua africana como língua oficial. A 21st de novembro de 1961, a Câmara dos Representantes debateu este assunto e foi neste debate que foi aprovada uma moção para a introdução do Hausa, do Ioruba e do Igbo nas instituições de ensino em todo o país (Allan 1978). De acordo com Allan (2015), a introdução do hauçá, do igbo e do iorubá nas instituições de ensino de todo o país teve como objetivo a adoção de uma delas como língua oficial da Nigéria. A Nigéria tem mais de 400 línguas indígenas, sendo as mais poderosas o hausa, o igbo e o ioruba (maioritárias), enquanto as restantes são consideradas línguas minoritárias (Adegbite 2004). Apesar de a Nigéria ter três línguas indígenas poderosas, o inglês continua a ser a língua dominante. Uma alteração introduzida em dezembro de 1981, segundo a qual o Hausa deveria ser adotado como língua oficial, foi retirada após uma oposição considerável. Durante o debate, ficou claro que a escolha de qualquer língua nigeriana naquele momento causaria um profundo ressentimento entre as pessoas do país e, por isso, votaram que o inglês, como língua oficial, se adequava às necessidades de desenvolvimento do país e actuava também como uma força unificadora. O principal argumento dos nigerianos é que o hausa é tão estranho aos Igbos e aos Yorubas como o inglês é à Nigéria. Por conseguinte, para eles, uma língua indígena como língua oficial não é a melhor opção (Allan 2015). É evidente que os próprios africanos contribuem para ofuscar as línguas africanas com o inglês, pensando que esta é a melhor forma de as unificar. Isto pode ser melhor explicado pelo que Ngugi diz em Currey (1981:285):

> O inglês, tal como o francês e o português, foi assumido como a língua natural de mediação literária e mesmo política entre africanos da mesma nação e entre nações de África e de outros continentes. Nalguns casos, estas línguas europeias eram vistas como tendo a capacidade de unir os povos africanos contra as tendências de divisão inerentes à multiplicidade de línguas africanas dentro do mesmo estado geográfico.

O que os nigerianos não conseguem ver é que a utilização de uma única língua, neste caso o inglês, não é garantia de harmonia social ou de compreensão mútua, como se tem verificado repetidamente na história mundial, por exemplo, na Guerra Civil Espanhola, na Guerra do Vietname, na antiga Jugoslávia e na Irlanda do Norte contemporânea (Crystal 2003).

Adegbate (2004) argumenta, no entanto, que a razão pela qual a Nigéria pós-colonial ainda usa o inglês como língua dominante se deve ao facto de os nigerianos terem grande admiração pelo inglês. É sobrevalorizado e a literacia em inglês é vista como a única marca de educação. Para eles, a ciência e a tecnologia não estão ao alcance de qualquer pessoa que não domine a língua inglesa. Esta parece ser a opinião da maioria dos países africanos em relação à língua inglesa.

Muitos académicos (Adegbija 1994; Bangbose 2001; Oyetade 2001) citados em Adegbate (2004) identificam várias razões para as atitudes dos nigerianos em relação às línguas do país. Estas incluem o colonialismo, o elitismo, o etnocentrismo, a mobilidade e as perspectivas de emprego, etc. Para estes académicos, o uso continuado de línguas europeias mostra que os nigerianos são afectados pelo imperialismo linguístico.

2.4.3 O papel do inglês na África do Sul pós-apartheid

Alexander (2006) também escreve que a liderança sul-africana pós-apartheid, tal como os outros Estados africanos independentes, argumenta que a seleção de uma ou mesmo duas línguas africanas como língua oficial iria necessariamente fazer o jogo dos tribalistas, semeando as sementes envenenadas do ciúme étnico e da divisão social. É esta a desculpa que dão para continuar a promover o inglês como língua franca.

Os objectivos da política linguística da África do Sul, definidos na Constituição de 1996, não foram totalmente alcançados. Weber (2014) argumenta que talvez o número de nove línguas reconhecidas como oficiais seja demasiado elevado e que, por isso, é difícil promover a sua utilização em domínios oficiais. Como nota positiva, a Constituição aumentou a consciencialização sobre os direitos linguísticos e culturais das pessoas e permitiu um sentimento renovado de orgulho e identidade. No entanto, esta política ainda não se manifestou de forma prática no mundo real da economia e da educação (Kaschula 2005). Kaschula afirma ainda que, durante a última década, as políticas linguísticas em África têm-se caracterizado por declarações sem implementação, o que é também o caso da África do Sul.

O inglês continua a desempenhar um papel importante nos sectores educativo, económico e político na maioria dos Estados africanos. Na África do Sul, tal como em todo o continente africano, a língua inglesa é altamente considerada e tem sido assim desde que os negros da África do Sul começaram a participar na vida social e política das modernas formações estatais coloniais europeizadas que vieram a constituir a União da África do Sul. O inglês foi considerado a língua da aspiração e da libertação desde finais do século XIX (Alexander 2006). De acordo com Alexander (2006), o inglês assumiu o papel de distintivo da modernidade. O conhecimento da língua é a chave para um bom emprego, para um estatuto social elevado, para qualificações educativas mais elevadas e para o acesso à cultura cosmopolita do glamour internacional que é projetado através da televisão e de outros meios de comunicação social. A questão importante que deve ser colocada é quem é o culpado pela negligência das línguas locais no sistema educativo dos países africanos? Será que ainda podemos atribuir a culpa à imposição da língua pelos antigos colonizadores? Será possível falar da língua dos antigos colonizadores como tendo sido imposta quase meio século depois? (Djite 2006). A negligência das línguas africanas no sistema educativo, no governo, etc. é culpa do governo e dos decisores políticos. Eles não conseguiram criar políticas e planos linguísticos que garantam a elevação das línguas locais em todos os sectores do país, incluindo a educação. Será que isto é algo que pode ser imputado aos antigos colonizadores? Em caso afirmativo, de que forma estão eles a controlar e a impedir os líderes africanos de eliminarem as línguas dos antigos colonizadores e de introduzirem as suas próprias línguas na educação?

2.5   A importância do ensino baseado na língua materna em África

Para melhorar a qualidade da educação, há uma série de factores a ter em conta, e a língua é um dos principais factores, pois determina a comunicação e a compreensão na sala de aula (Benson 2005). Muitos países africanos, incluindo a África do Sul, a Nigéria, Moçambique e o Zimbabué, são principalmente multilingues, mas existe a tendência de permitir que uma única língua estrangeira domine o sector da educação. De acordo com Skutnabb-Kangas (2010), o ensino através de uma língua que os alunos não compreendem é uma submersão, pois é quase o mesmo que mantê-los debaixo de água antes de os ensinar a nadar. No caso de África, a combinação de falta de materiais de estudo adequados, professores mal formados e currículos mal concebidos torna o processo de ensino e aprendizagem muito difícil, especialmente quando a língua de instrução também é estrangeira para o professor (Benson 2005). Isto dificulta a alfabetização das crianças, uma vez que a alfabetização é facilmente alcançada quando tanto o aluno como o professor se sentem confortáveis no uso geral da língua. Nas escolas africanas, por exemplo, a educação para a literacia é prejudicada porque existem problemas de comunicação entre o professor e os alunos. A língua de ensino é estranha a ambos e o professor tem dificuldade em explicar conceitos e os alunos não compreendem o que o professor está a dizer porque não são competentes na língua de ensino (Ouane e Glanz 2006). A UNESCO defendeu o ensino baseado na língua materna nas escolas primárias (UNESCO 1953), uma língua materna é a língua do ambiente imediato e da interação diária que nutre a criança nos primeiros quatro anos de vida. É com esta língua que a criança cresce e aprende a estrutura antes de ir para a escola (Ouane e Glanz 2010).

A educação monolingue numa língua oficial ou dominante é comum em todo o mundo (Arnol, Bartlett, Gowani, & Merali, 2006; Wolff & Ekkehard, 2000 citado em Ball 2010). De acordo com a UNESCO (2007) citada em Ball (2010), se for oferecida às crianças a oportunidade de aprender na sua língua materna, é provável que se inscrevam e tenham sucesso na escola, os pais também se envolverão mais no processo de aprendizagem dos seus filhos e as crianças de grupos desfavorecidos, por exemplo, das zonas rurais e indígenas, também beneficiarão. A investigação mostra que as crianças aprendem muito melhor na sua língua materna, o que constitui uma boa base para uma educação bilingue e multilingue. Além disso, estudos realizados indicam que são necessários seis a oito anos de educação numa língua para o desenvolvimento da literacia e da proficiência verbal necessárias para o desempenho académico no ensino secundário (Thomas e Collier 2002 citados em Ball 2010).

Seria melhor se as crianças em África fossem ensinadas nas suas línguas maternas, uma vez que os estudos mostram que isso não afecta negativamente a sua capacidade de aprender inglês como segunda língua e foi observado que elas tendem a aprender a segunda língua melhor e mais rapidamente quando passam gradualmente para a aprendizagem académica na segunda língua (Ball 2010). Segundo Ouane e Glanz (2006), os alunos que aprendem primeiro a ler e a escrever na sua língua materna têm um melhor domínio das modalidades escrita e oral de uma língua estrangeira. No entanto, em África, a transição das crianças para a aprendizagem de uma segunda língua é abrupta, o que pode fazer com que percam a sua primeira língua e pode levar ao declínio da sua autoconfiança e do seu interesse em aprender, levando-as assim a falhar ou a abandonar a escola numa fase precoce.

CAPÍTULO 3

METODOLOGIA

3.1   Métodos de investigação

O principal objetivo da investigação é explorar o papel do inglês nas escolas africanas, neste caso no Zimbabué. Analisa os argumentos apresentados a favor do inglês em detrimento das línguas indígenas no Zimbabué. Além disso, o estudo analisa as alegadas vantagens que o ensino em inglês traz à criança africana e compara os aspectos positivos associados ao inglês na educação com os aspectos negativos. A questão central é saber se a criança africana está a ser capacitada através de uma educação totalmente em inglês para um futuro melhor no mundo capitalista ou se lhe está a ser negado o direito de aprender na sua língua materna, o que não passa de mais um caso de imperialismo linguístico. É feita uma comparação entre o Zimbabué e a África do Sul, dado que a África do Sul tem uma política semelhante, mas é um exemplo mais típico de uma sociedade multilingue do que o Zimbabué.

Esta investigação baseia-se em dados secundários e analisa documentos governamentais, artigos de jornais académicos, bem como livros escritos sobre estas questões. Analisa o que a Constituição do Zimbabué diz sobre a questão da língua na educação. Além disso, o estudo explora o que diz a lei da educação do Zimbabué no que diz respeito à(s) língua(s) de ensino nas escolas (ensino primário, secundário e superior). Os dados secundários e os documentos governamentais oferecem uma oportunidade para analisar as políticas linguísticas no Zimbabué: o que os funcionários dizem sobre a utilização das línguas no país, como cada língua é tratada, aproximadamente quantas pessoas falam uma determinada língua. A política que favorece a utilização do inglês como meio de instrução nas escolas é investigada, uma vez que o inglês é uma língua que não é habitualmente utilizada pela maioria e é, portanto, uma segunda língua para a maioria dos zimbabueanos. Além disso, a investigação examina o que outros linguistas, escritores e críticos dizem sobre a utilização do inglês como meio de instrução nas escolas africanas em detrimento das línguas vernáculas. Recorro também à minha experiência pessoal no sistema educativo do Zimbabué na década de 1990 e no início da década de 2000 para mostrar os padrões da educação no Zimbabué e mostrar como algumas escolas se concentram mais no inglês do que nas línguas indígenas, logo no primeiro ano.

3.2   Recolha de dados

Os dados foram recolhidos sob a forma de documentos, incluindo políticas linguísticas, declarações, legislação e documentos apresentados durante conferências. Também foram utilizados dados estatísticos para mostrar o número de alunos que abandonam a escola em determinados níveis, o número de escolas por província e as taxas de aprovação na sétima classe (escola primária) e no nível O (escola secundária) na última década.

Além disso, foram também recolhidos dados sob a forma de informação sobre a afetação de tempo por disciplina, tanto a nível primário como secundário, após a política de 2001. Os dados sobre as taxas de aprovação por disciplina foram utilizados para obter uma imagem do desempenho dos alunos em inglês e noutras disciplinas ensinadas em inglês. Incluíram-se também dados sobre a formação de professores: as áreas em que a formação de professores se centra, o nível de formação que os professores têm, e como isto pode estar a desempenhar um papel na qualidade do sistema educativo do Zimbabué, com o foco principal no ensino do inglês, uma vez que é importante que os professores tenham uma boa formação na língua de instrução. Foi efectuada uma comparação entre escolas urbanas e rurais em termos de abandono escolar e de desempenho. Os dados foram utilizados para investigar de que forma o sistema de ensino baseado no inglês tem impacto nos alunos e no seu desempenho, e de que forma beneficia alguns grupos privilegiados. No que respeita a este último, analisei especialmente os que vivem em zonas urbanas e os que têm possibilidade de frequentar escolas privadas caras, que dispõem de professores mais qualificados, com melhores conhecimentos da língua de ensino e melhores recursos sob a forma de livros e salas de aula.

Foi difícil aceder a todos os dados necessários para uma generalização fiável. Alguns dos dados estavam disponíveis apenas para alguns anos. Muitas vezes, os dados estatísticos não estavam disponíveis para os períodos anteriores, ou seja, desde a independência até ao início dos anos 90, pelo que a informação disponível não mostrava uma imagem completa do que se passa na educação no Zimbabué. Por esta razão, também não é efectuada uma análise estatística dos dados quantitativos. A maior parte dos documentos oficiais estavam facilmente disponíveis em linha, com exceção de certos documentos sensíveis, por exemplo, os relatórios sobre a educação que mostram o colapso do sistema educativo do Zimbabué desde o final dos anos 90 até à data atual.

No entanto, os dados encontrados foram suficientes para permitir especular sobre a razão pela qual o Zimbabué, um país que tem basicamente duas línguas dominantes e é também considerado maioritariamente monolingue, optou por dezasseis línguas oficiais; e sobre o sucesso de tal política e o seu impacto no sistema educativo. Para além disso, os dados ajudaram a formar os argumentos finais contra o uso continuado do inglês como meio de instrução no ensino.

CAPÍTULO 4

CONCLUSÕES

Depois de examinar os documentos oficiais do governo relativos à língua no Zimbabué, foram descobertos os seguintes aspectos:

4.1 A Constituição do Zimbabué de 2013

A Constituição do Zimbabué (2013:17) estabelece que:

1. As línguas oficialmente reconhecidas do Zimbabué são as seguintes: chewa, chibarwe, inglês, kalanga, koisan, nambya, ndau, ndebele, shangani, shona, língua gestual, sotho, tonga, tswana, venda e xhosa

2. Um ato do Parlamento pode prescrever outras línguas como línguas oficialmente reconhecidas e pode prescrever línguas de registo.

3. O Estado e todas as instituições e agências governamentais a todos os níveis devem:

a. Assegurar que todas as línguas oficiais sejam tratadas de forma equitativa; e

b. Ter em conta as preferências linguísticas das pessoas afectadas pelas medidas ou comunicações governamentais.

4. O Estado deve promover e fomentar a utilização de todas as línguas utilizadas no Zimbabué, incluindo a língua gestual, e deve criar condições para o desenvolvimento dessas línguas.

As línguas do Zimbabué e a sua distribuição estão ilustradas no mapa da figura 1 abaixo:

Figura 1: distribuição linguística no Zimbabué

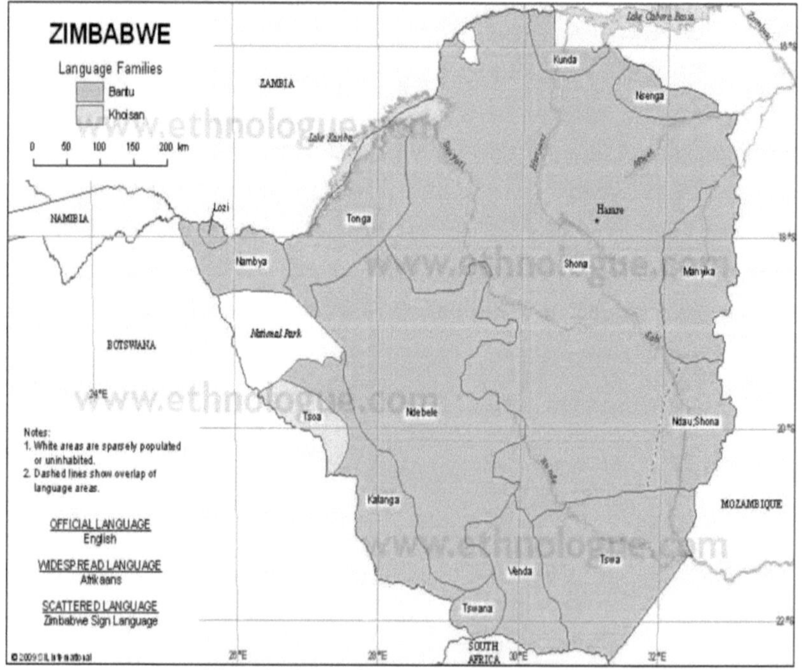

Adaptado de http://www.ethnologue.com/16.

O mapa mostra que a maior parte do Zimbabué fala Shona e que em algumas áreas onde existe uma língua minoritária, o Shona também se encontra, por exemplo, na região de língua Ndau.

Além disso, no que diz respeito à língua e à cultura, a constituição declara que cada pessoa tem o direito de utilizar uma língua da sua escolha (página 36). No caso de alguém ser condenado por um crime, **a Constituição do Zimbabué** (2013:38) diz que a pessoa tem o direito a que os procedimentos do julgamento sejam interpretados numa língua que compreenda. Para alguém ser nomeado juiz, deve ter conhecimentos de inglês e de uma língua vernácula. Os procedimentos no tribunal devem ser efectuados em inglês e interpretados para uma língua vernácula. Isto indica que o inglês é altamente considerado no Zimbabué e é a porta para um emprego melhor e uma vida melhor.

4.2 A Lei da Educação do Zimbabué

A Lei da Educação do Zimbabué (2001) estabelece que:

1. As três línguas principais do Zimbabué, nomeadamente o shona, o ndebele e o inglês, devem ser ensinadas nas escolas primárias do seguinte modo

a. Shona e inglês em zonas onde a língua materna da maioria dos residentes é o Shona

b. Ndebele e inglês nas zonas em que a língua materna da maioria dos residentes é o Ndebele.

2. Antes do quarto ano de escolaridade, pode ser utilizada como meio de ensino uma das línguas referidas na alínea a) ou na alínea b) do n.º 1, consoante a língua melhor compreendida pelos alunos.

3. A partir do quarto ano de escolaridade, o inglês será o meio de instrução, desde que o shona e o ndebele sejam ensinados como disciplinas com o mesmo tempo de aulas que a língua inglesa.

4. Em áreas onde existam línguas minoritárias, o ministro pode autorizar o ensino dessas línguas para além das referidas nas subsecções (1), (2) e (3).

Nem todas as línguas indígenas são utilizadas como meio de instrução no Zimbabué, o que levou algumas comunidades a abandonar as suas línguas em favor das línguas indígenas mais faladas ou do inglês.

4.2.1 Lei de alteração da educação

Trata-se de uma alteração à lei da educação de 2001, introduzida em 2006, que estabelece o seguinte

1. Sem prejuízo do disposto na presente secção, as três principais línguas do Zimbabué, nomeadamente o shona, o ndebele e o inglês, serão ensinadas em pé de igualdade em todas as escolas até à segunda classe,

2. Nas regiões onde são faladas outras línguas indígenas para além das mencionadas na Secção (1), o Ministro pode autorizar o ensino dessas línguas nas escolas, para além das especificadas na Secção (1),

3. O Ministro pode autorizar o ensino de línguas estrangeiras nas escolas,

4. Antes da primeira classe, qualquer uma das línguas referidas nos pontos 1 e 2 pode ser utilizada como meio de ensino, consoante a língua mais falada ou melhor compreendida pelos alunos.

A lei de alteração da educação foi elaborada com a intenção de incluir algumas das línguas negligenciadas no sistema educativo, de modo a melhorar o desempenho dos alunos (Kododo 2015). De acordo com Peresuh e Masuku (2002), a mudança política significativa no Zimbabué foi a utilização das línguas maternas nos primeiros três anos da escola primária. A partir do quarto ano, porém, o inglês é, por política, a única língua de ensino. Isto apesar do facto de a maioria das escolas primárias se encontrarem em zonas rurais onde todos os alunos são monolingues e falam a mesma língua indígena ou língua materna. Pode dizer-se que o Zimbabué tem uma Educação Bilingue Transitória de Saída Antecipada (TBE). Nos primeiros três anos, as matérias são ensinadas em duas línguas, a primeira língua do aluno (LI), que é qualquer uma das línguas indígenas autorizadas pelo Ministério da Educação, e o inglês. Após três anos de utilização da L1 como meio de instrução, o aluno passa a frequentar as aulas exclusivamente em inglês (Ferguson 2006). Isto acontece com a convicção de que, no final destes três anos, a proficiência do aluno em inglês será suficientemente boa para que todos os conteúdos das disciplinas sejam leccionados apenas em inglês.

4.3 Esforços regionais para promover a utilização das línguas africanas no ensino

Foram envidados vários esforços para tentar resolver a questão das línguas em África. Entre eles, contam-se as declarações e conferências realizadas em apoio à utilização das línguas africanas no ensino. Entre elas, a Declaração de Harare de março de 1997. Esta conferência contou com a participação de ministros de Estados africanos e a sua principal ordem de trabalhos consistia em abordar as políticas linguísticas nos países africanos. As questões discutidas foram as seguintes:

1. É necessário que os Estados africanos adoptem políticas que favoreçam a utilização e o desenvolvimento das línguas maternas, bem como das línguas comunitárias, nacionais, interafricanas e internacionais.

2. A utilização das línguas africanas é um pré-requisito para maximizar a criatividade e a capacidade de ação africanas em questões de desenvolvimento.

3. As políticas linguísticas aplicadas desde a independência favoreceram as línguas coloniais e muito pouco foi feito para corrigir esta situação

4. Relativamente à questão da educação, a conferência defendeu a formação de pessoal e a produção de materiais educativos em línguas africanas. Isto conduzirá à oficialização do uso das línguas africanas como meios de instrução nos sistemas educativos.

Após a conferência de Harare de 1997, foi elaborado o Programa de ação da década da educação (Harare 1999).

Além disso, foram apresentadas várias resoluções da conferência sobre as línguas africanas na educação. Estas incluem:

- Declaração das Línguas e Literaturas Africanas (Asmara, Eritreia 2000).

- Primeira Conferência Internacional sobre Línguas Africanas (Maseno, Quénia: 2000).

- Segunda Conferência Internacional sobre o papel das línguas africanas na educação, ciência e tecnologia (Hammanskraal, África do Sul 2002).

A declaração de Asmara sobre as línguas e literaturas africanas (2000) afirma que a África deve:

1. Um novo começo no início do novo século e do novo milénio.

2. Regressar às suas línguas e ao seu património.

3. Envidar esforços para desenvolver as línguas africanas em todos os níveis de ensino

4. Empregar planos eficazes e rápidos de desenvolvimento da ciência e da tecnologia baseados na utilização das línguas africanas e das tecnologias modernas também deve ser utilizado para o desenvolvimento das línguas africanas.

A declaração afirmava ainda que a iniciativa que se materializou nesta conferência seria continuada através de conferências bienais em diferentes partes de África. Sugeriram a criação de um fórum de diálogo e cooperação, fazendo assim avançar os princípios da conferência.

África criou também a Academia Africana de Línguas (ACALAN), uma organização pan-africana criada em 2001 pelo então presidente do Mali, Alpha Oumar Konare, para servir de agência cultural especializada da Organização de Unidade Africana (OUA), atualmente a União Africana (UA) (Kawangamwalu 2016). A sua responsabilidade é a política e o planeamento linguístico. Devido aos notórios fracassos da educação na maioria dos países africanos, alguns países estão a considerar a introdução do ensino bilingue baseado na língua materna. A tarefa da ACALAN é planear e coordenar a implementação de um programa continental de desenvolvimento linguístico e de planeamento do estatuto, de modo a contribuir para a solução das condições que estão a causar pobreza em África (Alexander 2009:63-64).

Bamgbose (2007) citado em Kamwangamalu (2016:58-59) destaca os objectivos da ACALAN como

1. Fomentar o desenvolvimento de todas as línguas africanas e capacitar algumas das línguas veiculares mais dominantes em África, de modo a que possam servir como línguas de trabalho na União Africana e nas suas instituições.

2. Aumentar a utilização das línguas africanas numa variedade de domínios, de modo a que as línguas sejam reforçadas e revalorizadas.

3. Promover a adoção das línguas africanas como línguas de aprendizagem e de ensino nos sistemas escolares formais e não formais.

4. Promover a utilização das línguas africanas na divulgação da informação e na participação política, a fim de assegurar o envolvimento das bases no processo político e a desmistificação

A maioria das declarações políticas acima referidas, nomeadamente a Declaração de Asmara sobre as Línguas e Literaturas Africanas, a Declaração de Harare de março de 1997 sobre a Língua Africana e a Política Linguística em África e a ACALAN, têm um objetivo: que cada Estado membro da União tome medidas para garantir que as línguas africanas sejam utilizadas como meio de instrução na educação e também como língua de administração, juntamente com as línguas ex-coloniais que servirão de línguas parceiras das línguas africanas na busca do desenvolvimento nacional (Kamwangamalu 2016).

4.4 Atribuição de tempo por disciplina nas escolas primárias e secundárias

Embora a Lei das Línguas estabeleça que, a partir da quarta classe, o inglês deve ser o meio de instrução: desde que o shona e o ndebele sejam ensinados como disciplinas com o mesmo tempo de duração que a língua inglesa, este cenário só se verifica no ensino primário e no ensino secundário é dado mais tempo ao inglês, pelo que os alunos têm mais aulas em inglês do que na sua língua materna, uma vez que todas as outras disciplinas são ensinadas em inglês, como se pode ver nos quadros abaixo:

Tabela 2: Distribuição do tempo semanal do currículo do ensino primário por disciplina

subjects	Grade 1 and 2		Grade 3-7	
	HOURS	PERIODS	HOURS	PERIODS
Shona/Ndebele	4 ½	9	6	12
English	4 ½	9	6	12
Mathematics	2 ½	5	3	6
Environmental Science	2	4	2 ½	5
Social Studies	1 ½	3	2 ½	5
Religious and Moral Education	1	2	2 ½	5
Home economics	1	2	2	4
Art	1	2	1	4
Music	1	2	1	4
Physical Education	1	2	1	4
Co-curricular Activities	2 ½	5	5	10
HIV/AIDS Education	-	-	½	1

Tabela 3: Distribuição do tempo semanal do currículo do ensino secundário por disciplina

subjects	ZJC		'O' Level	
	HOURS	PERIODS	HOURS	PERIODS
English	7	10 ½	6	9
Shona/Ndebele	4	6	4	6
Science	6	9	6	9
Mathematics	6	9	6	9
Humanities	4	6	4	6
Technical/Vocational	6	9	8	12
Business/Commercial	6	9	6	9
HIV/AIDS Education	1	½	1	1 ½
Guidance and Counselling	1	½	1	1 ½

UNESCO (2001)

4.5 Percentagem de frequência escolar nas zonas rurais e urbanas

De acordo com o relatório da UNESCO de 1996, a taxa média de abandono escolar no ensino primário durante o período de 1991 a 1995 é de 2,9% e 3,0% para rapazes e raparigas, respetivamente. No nível secundário, a taxa média de abandono é de 7,0% e 11,0% para rapazes e raparigas, respetivamente. As taxas de abandono são mais elevadas no nível "O", com 92,0% para os rapazes e 94,0% para as raparigas. Existe uma diferença notável entre a frequência escolar nas zonas rurais e nas zonas urbanas do Zimbabué. A tabela abaixo mostra a percentagem de frequência em 2011

Tabela 4: Distribuição percentual de crianças por frequência escolar em áreas rurais e urbanas 2011

	Rural			Urban		
Age Group & Sex	At School	Left School	Never Attended	At School	Left School	Never Attended

Male						
5 - 9	89.5	1.0	9.5	91.9	0.4	7.4
10 - 14	92.6	6.4	1.0	96.7	3.1	0.2
15 - 19	50.6	48.7	0.7	64.5	35.5	0.0
20-24	5.1	93.6	1.3	18.4	81.0	0.6
Female						
5 - 9	91.1	0.7	8.1	92.4	0.8	7.4
10 - 14	94.0	5.5	0.6	95.4	3.7	0.2
15 - 19	45.2	54.3	0.4	50.0	49.4	0.0
20-24	1.6	97.5	0.7	11.1	88.5	0.6
Both Sexes						
5 - 9	90.3	0.8	8.8	92.2	0.6	6.8
10 - 14	93.2	5.9	0.8	96.1	3.4	0.3
15 - 19	48.1	51.3	0.6	55.8	43.9	0.3
20-24	3.2	95.6	1.0	14.2	85.3	0.4

Estatísticas nacionais do Zimbabué (2014)

Quadro 4.1 Taxas de abandono escolar no ensino primário, 2011/12 Nível

Level	Male	Female	Total
Grade 1-2	9.10	9.00	9.10
Grade 2-3	4.30	4.00	4.10
Grade 3-4	5.80	7.70	6.70
Grade 4-5	4.40	6.00	5.20
Grade 5-6	2.20	1.60	1.90
Grade 6-7	8.10	6.60	7.30

Estatísticas nacionais do Zimbabué (2014)

A maior parte dos alunos abandona a escola no primeiro ou segundo ano e depois no sétimo ano, que é o último ano do ensino primário. Há um número significativo de alunos que também abandonam a escola no 4°-5° ano. Esta é normalmente a altura em que os alunos começam a mudar para o ensino totalmente em inglês (Lei da Educação de 2002). Desde 1996, tem havido um aumento notável do abandono escolar, o que está a ter um impacto negativo no nível de alfabetização no Zimbabué (Zimbabwe National Statistics 2013).

4.6   A taxa de aprovação por disciplina no ensino primário e secundário

Entre 2011 e 2015, registou-se um ligeiro aumento da taxa de aprovação nos exames do 7.º ano. Em 2011, a taxa de aprovação foi de 28,9% e subiu para 31,2 em 2012. Os resultados do 7.º ano em 2013 foram de 32,2% (The Herald, 4 de dezembro de 2013). Em 2014, a taxa total de aprovação nos resultados do 7.º ano foi de 38,13%, ao passo que em novembro de 2015 a taxa total de aprovação foi de 41,82%. Os resultados do 7.º ano de 2015 indicam que as taxas de aprovação mais elevadas foram registadas nas línguas indígenas. A taxa de aprovação mais elevada foi registada em Shona (83,48%) e a mais baixa em Tshivenda (71,44%). As taxas de aprovação em Matemática, Exame Geral e Língua Inglesa foram inferiores às taxas registadas nas línguas indígenas, como indicado no quadro seguinte: (Newsday 28 de novembro de 2015).

Quadro 5: taxas de aprovação de 2015 por disciplina

Subject	Candidate Examined	Pass Rate
English	329 025	47.6%
Mathematics	328 883	57.4%
General Paper	329 046	49.94%
Shona	266 933	86.92%
Ndebele	52 315	80.71%
Tonga	4 667	78.78%
Nambya	815	76.68%
Tshivenda	2 199	71.44%
Xichangana	1 371	81.98%
Kalanga	430	71.86%

Os resultados do nível "O" de 2014 mostram uma taxa de aprovação de 30,85%, 10% superior à de 2013, que foi de 20,78% (The Herald, 10 de fevereiro de 2015). Tanto para os resultados do sétimo ano como para os do nível "O", as escolas que produzem os melhores resultados são, na sua maioria, escolas privadas (Tafirenyika 19 de fevereiro de 2014). As razões para esta tendência incluem o facto de os professores com formação irem normalmente para as melhores escolas, geralmente privadas e situadas nas cidades, enquanto os professores sem formação são enviados para as zonas rurais. As escolas do Zimbabué também têm o problema da escassez de manuais escolares.

Segundo a UNESCO (2006), em 1992, o rácio médio aluno-livro era de 5:1 nas zonas rurais e de 2:1 nas escolas urbanas. As escolas privadas também estão mais bem equipadas com manuais escolares do que as escolas públicas, o que também está na origem da diferença nas taxas de aprovação entre as escolas privadas e as públicas.

Após a independência do Zimbabué em 1980, muitos estudantes foram matriculados no ensino primário e secundário. O Zimbabué foi aplaudido por ter a taxa de alfabetização mais elevada de África, mas a tendência tem vindo a diminuir nos últimos dez anos. Isto pode dever-se principalmente às dificuldades económicas que o país atravessa, mas o inglês como meio de instrução também tem um papel a desempenhar.

De acordo com Guchu (20 de fevereiro de 2014), as estatísticas mostram um declínio ao longo dos anos da educação no Zimbabué. Guchu escreve que, nos últimos 14 anos, mais de três milhões de alunos se submeteram ao exame do nível normal no Zimbabué e, destes, apenas 470 000 conseguiram passar.

No Zimbabué, considera-se que um aluno passou o nível normal se obtiver uma nota E ou superior em cinco disciplinas, incluindo matemática e inglês. Desde 1998 até 2013, as taxas de aprovação têm sido geralmente baixas, sendo a mais elevada de sempre de 20%, registada em 2013. No anexo 1 é apresentada uma lista das taxas de aprovação por ano desde 1998. É importante notar que a taxa de aprovação desde os anos 90 tem sido inferior a 50%, o que significa que a maioria dos alunos reprova não só na língua inglesa no nível O, mas também noutras disciplinas ensinadas em inglês, por exemplo, geografia, matemática e história. Os dados completos sobre as taxas de aprovação por disciplina nos exames de 2015 constam do anexo 2.

De acordo com as estatísticas do anexo 2, a língua inglesa registou o maior número de candidatos, ou seja, um total de 233 499 candidatos (tanto de escolas como de particulares) e apenas 62 707 conseguiram passar com um grau C ou superior. Isto indica que o inglês regista uma das taxas de aprovação mais baixas, uma vez que tem muitos candidatos inscritos para os exames do nível ordinário.

4.7 Formação de professores

A formação de professores foi também uma forma introduzida pelo governo do Zimbabué para tornar os professores mais qualificados e, assim, ter professores mais bem formados. De acordo com o

Ministério da Educação, conseguiu-se reduzir o número de professores não qualificados no sistema educativo de 37 572 em 1990 para 3 954 em dezembro de 2000 (Education Census report 2013cited in Zimbabwe National Statistics 2014). De acordo com Kanyongo (2005), entre 1990 e 2001, o governo do Zimbabué concentrou-se na relevância e na qualidade do seu sistema de ensino, formando os seus professores através de novas abordagens aos conteúdos, tecnologias, metodologias de ensino e competências, e conferindo-lhes qualificações mais elevadas. Os principais domínios de concentração na formação de professores são:

- Profissional, técnico e comercial
- Ciências, matemática e informática
- História e educação cívica.

Como se pode ver no relatório da UNESCO apresentado na reunião de Genebra de 2008, algumas instituições de ensino introduziram programas destinados a formar professores que ensinariam línguas minoritárias como Tonga, Venda, Kalanga e Shangani. No entanto, isto deixa de fora outras línguas minoritárias. Algumas destas línguas minoritárias não estão incluídas na língua oficial do país, como é o caso da Manyika, uma língua falada na província de Manicaland, no Zimbabué. A província de Manicaland tem o maior número de escolas primárias do Zimbabué. Isto significa que um grande número de crianças não tem acesso ao ensino na sua língua materna. O Zimbabué tem um número total de 5 723 escolas primárias. A tabela abaixo ilustra como as escolas estão distribuídas de acordo com as províncias:

Tabela 6: Número de professores sem formação por província de 2001 a 2012

Number of untrained teachers per year									
Province	2001	2002	2003	2004	2005	2006	2009	2010	2012
Manicaland	785	763	785	785	788	-	788	-	857
Mashonaland Central	369	365	371	371	381	-	370	-	484
Mashonaland East	580	581	582	582	595	-	601	-	672
Mashonaland West	481	481	489	489	494	-	489	-	702
Matebeleland North	572	652	572	572	576	-	456	-	556

Matebeleland South	440	359	440	440	446	-	442	-	504
Midlands	649	651	652	652	658	-	661	-	776
Masvingo	670	679	680	680	684	-	678	-	852
Harare	203	203	208	208	208	-	211	-	222
Bulawayo	-	-	-	-	-	-	126	-	128
Total	**4 758**	**4 531**	**4 779**	**4779**	**4 830**	**4 834**	**4831**	**5646**	**5753**

Estatísticas Nacionais do Zimbabué (2014).

Além disso, pouco parece ter sido feito para melhorar a língua inglesa, uma vez que é sobretudo a língua utilizada para a instrução e é altamente improvável que os professores sejam testados quanto à sua proficiência em inglês antes de serem enviados para ensinar em diferentes escolas do Zimbabué. Há ainda uma percentagem considerável de professores sem formação nas escolas primárias e secundárias. Em 2013, o Zimbabué tinha um total de 8 808 professores do ensino primário sem formação e 12 072 professores do ensino secundário sem formação (Ministério da Educação 2013).

CAPÍTULO 5

DISCUSSÃO

5.1 Política e planeamento linguístico do Zimbabué

De acordo com as conclusões, antes de 2013, o Zimbabué não dispunha de uma política linguística clara. Utilizava a constituição redigida na Conferência de Lancaster House em 1979, que não designava nenhuma língua como língua oficial do país. No seu sentido mais restrito, a política linguística refere-se à formulação de leis, regulamentos e posições oficiais relativamente ao uso da língua e à atribuição de recursos linguísticos pelo governo ou organizações políticas (Orman 2008). No entanto, Orman escreve ainda que é necessário ir além da referência apenas às posições oficiais ou governamentais sobre a língua e, assim, considerar o leque de variáveis linguísticas que compõem a política linguística de uma sociedade. Foram identificadas três componentes diferentes que determinam o carácter da política linguística de uma comunidade de fala:

> Um passo útil é distinguir entre as três componentes da política linguística de uma comunidade de fala: as suas práticas linguísticas - o padrão habitual de seleção entre as variedades que constituem o seu repertório linguístico; as suas crenças e ideologias linguísticas - as crenças sobre a língua e o seu uso; e qualquer tipo de intervenção, planeamento ou gestão linguística (Spolsky 2004:5 citado em Orman 2008).

Recentemente, o Zimbabué seguiu o exemplo da África do Sul na sua nova Constituição (2013), ao ter muitas línguas oficiais. Após o fim do Apartheid em 1994, o governo sul-africano declarou 11 línguas como suas línguas oficiais (Ngcobo 2007). A maioria destas línguas (nove) são línguas indígenas. Estas incluem, Sesotho sa Leboa, Sesotho, Setswana, Siswati, Tshivenda, XiTsonga, isiNdebele, isiXhosa, isiZulu, Afrikaans e Inglês (Conner 2004). Durante cerca de três décadas, desde a independência, a constituição do Zimbabué não declarou nenhuma língua como língua oficial. O Zimbabué deu um passo à frente da África do Sul ao declarar dezasseis línguas oficiais na sua Constituição de 2013. Essas línguas são o Chewa, o Chibarwe, o inglês, o Kalanga, o Koisan, o Nambya, o Ndau, o Ndebele, o Shangani, o Shona, o Sotho, a língua gestual, o Tonga, o Tswana, o Venda e o Xhosa. Apesar de ser este o caso no Zimbabué, muita literatura continua a ser escrita principalmente em inglês, shona e ndebele (Tylor e Francis 2008) e ainda há pouca atenção dada às outras treze línguas declaradas como línguas oficiais. A constituição de 2013 declara que um indivíduo tem o direito de utilizar uma língua da sua escolha. O maior problema com esta declaração é o facto de a constituição ser muito vaga sobre onde e como estas línguas devem ser utilizadas. Não é claro se a liberdade de utilizar uma língua se estende ao sector da educação ou apenas aos círculos sociais. É igualmente de referir que a Constituição não menciona as línguas que devem ser utilizadas no ensino. Neste contexto, a ideia de oficialidade pode ser entendida como o reconhecimento das línguas minoritárias e a garantia de direitos aos seus falantes e não como a promoção da igualdade na sua utilização.

De acordo com Johnson (21 de julho de 2012), o Zimbabué é um país relativamente monolingue. O shona é falado por mais de dez milhões de pessoas (10,7 milhões de acordo com Chebanne e Nthapelelang 2000), ou seja, mais de quatro quintos da população total, e o ndebele vem num distante segundo lugar com 1.550.000 (Johnstone e Mandryk 2001). A questão que se coloca aqui é por que razão o governo declara 16 línguas oficiais num país maioritariamente monolingue? Não será esta apenas uma forma de pacificar a população, fazendo-a pensar que o governo tem em mente os interesses do povo, ao mesmo tempo que promove a sua própria agenda? Ou será que deve ser entendido como um primeiro reconhecimento, a que se seguirão mudanças na prática, na oferta e no planeamento linguísticos no futuro? A investigação sobre política linguística mostrou que as políticas linguísticas desempenham um papel no estabelecimento e manutenção da desigualdade socioeconómica (Tollefson 2006).

Num país pequeno como o Zimbabué, é altamente improvável que uma política linguística que consagre várias línguas como língua oficial seja um êxito. O Zimbabué, tal como muitos países africanos, está longe de conseguir implementar com sucesso uma política linguística que eleve as línguas autóctones ao papel de meios de instrução na educação. A África do Sul tentou esta abordagem e falhou na implementação da sua política, como se viu no Capítulo 2. Embora a África do Sul reconheça muitas línguas como oficiais, a nova política linguística parece não estar a funcionar a favor de todas as línguas, pois parece haver uma tendência para favorecer mais o inglês (Kamwangamalu 2002, citado em Hill 2010). Uma vez que a África do Sul provou ser incapaz de proporcionar igualdade de tratamento às suas onze línguas oficiais, o Zimbabué também está condenado ao fracasso, pois é muito mais pobre do que a África do Sul e o governo continua num estado de paralisia quase fatal. Por conseguinte, esta política, prevista na Constituição, pode ser vista como a medida errada neste momento, uma vez que irá agravar o caos no país (Johnson, 21 de julho de 2012).

5.2   Avaliação da política linguística do Zimbabué no domínio da educação

A política linguística do Zimbabué no domínio da educação parece promover os direitos linguísticos, mas pode ser vista como uma forma utilizada pelo governo para controlar a utilização das línguas. É o governo que decide quais as línguas a incluir na lista de línguas oficiais da Constituição. Os critérios para essa escolha são desconhecidos. No entanto, é o Ministro da Educação que pode autorizar que uma língua indígena - de entre as que não constam da lei da educação como língua de instrução - seja utilizada como meio de ensino nas escolas primárias. Uma vez que isto abriria a porta à promoção de línguas minoritárias negligenciadas, é necessário perguntar: em que circunstâncias poderia isto ser feito e porque não está a acontecer? Não será esta lacuna de responsabilidade entre a Constituição e o Ministério da Educação, portanto, simplesmente uma forma de o governo controlar o uso das línguas, a fim de beneficiar os grupos maiores?

A nova Constituição prevê um tratamento equitativo para todas as suas línguas oficiais, tal como a da África do Sul. No entanto, a África do Sul é mais equitativamente multilingue do que o Zimbabué, em termos de população de grupos de falantes, e poderia alcançar este objetivo até certo ponto. É bastante irónico que a Constituição do Zimbabué estabeleça que todas as línguas oficiais devem ser tratadas de forma igual, quando o inglês é de longe a língua dominante na educação e no governo. Se estas línguas são iguais, não há qualquer problema, em teoria, em utilizar a maior parte delas, se não todas, como meios de instrução no ensino primário, secundário e mesmo superior. A realidade, porém, é que o inglês é altamente considerado e é visto como a melhor escolha como língua de ensino a partir do quarto ano, o que, por si só, mostra que as línguas não são tratadas de forma igual. Porque é que o inglês é tão considerado no sistema educativo do Zimbabué? Será por razões práticas, ideológicas ou ambas?

Ao contrário do Zimbabué, a África do Sul parece ter dado mais um passo na proteção e promoção dos direitos linguísticos individuais e dos meios de comunicação na educação, a fim de 'corrigir a negligência das línguas historicamente desfavorecidas na educação escolar' (Política de Línguas na Educação 1997: Secção 8). A política linguística sul-africana estabelece que a língua de aprendizagem e de ensino numa escola pública deve ser (uma) língua(s) oficial(ais). (Política de Línguas na Educação de 1997 citada em Weber 2014). A África do Sul tem línguas indígenas como meio de aprendizagem até ao fim do nível primário, ao contrário do Zimbabué, que tem duas línguas indígenas utilizadas como meio de instrução até ao fim do terceiro ano. De acordo com a Lei da Educação do Zimbabué (2001), o shona, o ndebele e o inglês devem ser ensinados em todas as escolas primárias a partir do primeiro ano, da seguinte forma:

Shona e inglês nas zonas que têm o Shona como língua materna;

Ndebele e inglês nas zonas que têm o Ndebele como língua materna.

O inglês passará a ser o meio de ensino a partir do 4th ano.

As outras línguas indígenas especificadas na Constituição podem ser utilizadas do primeiro ao quarto ano como meio de ensino, dependendo da língua melhor compreendida pelos alunos. Makoni et al. (2006) citados em Weber (2014) argumentam, no entanto, que o Shona e o Ndebele ensinados nas escolas não são as línguas maternas da maioria dos alunos, mas uma variedade construída e codificada por missionários europeus e agências governamentais durante o domínio britânico. Se aceitarmos o seu argumento, o shona e o ndebele são construções coloniais ou europeias, tal como o inglês, e são tão difíceis de aprender como as línguas estrangeiras (Weber 2014). A Lei da Educação também não parece envolver todas as línguas oficiais indicadas na Constituição de 2013. Assim, parece estar desactualizada, uma vez que não foi revista para estar de acordo com as alterações introduzidas na nova Constituição. A lei de 2006 que altera a lei da educação estabelece que uma série de línguas consideradas minoritárias podem ser utilizadas como meios de instrução ou ensinadas nas escolas. Isto foi feito com a ajuda da Associação de Promoção das Línguas Indígenas do Zimbabué (ZIPLA). Estas línguas incluem o Shangani, o Tonga, o Venda e o Nambya, que, de acordo com o Ethnologue, têm um número ligeiramente superior a 300 000 falantes (Lewis et al. 2016). Isto exclui uma dúzia de outras línguas faladas no Zimbabué (Weber 2014). No entanto, a utilização destas línguas indígenas não vai além do quarto ano e a maior parte das escolas secundárias do Zimbabué não oferecem a maioria destas línguas indígenas como disciplinas nos seus currículos. A ênfase é dada ao Shona ou ao Ndebele, sendo o Shona a língua indígena mais dominante. Embora o Zimbabué tenha duas línguas indígenas dominantes, o inglês continua a ser tido em grande estima no sector da educação. Esta situação é injusta para as crianças zimbabweanas, uma vez que a sua aprendizagem em inglês não é feita por escolha própria, pois o poder da língua inglesa exerce uma hegemonia que as obriga a uma educação exclusivamente em inglês (Joseph 2006). Tal como Phillipson (1992), este sistema educativo é imperialista, pois os alunos estão a aprender numa língua que não é a sua língua materna.

Tendo eu próprio vivido a experiência da educação no Zimbabué nos anos 90 até ao início dos anos 2000, era comum os professores começarem a ensinar os alunos apenas em inglês desde o primeiro ano. Isto passou-se antes da lei da educação de 2002, que deu ênfase à utilização das línguas indígenas nas escolas primárias. Nas escolas secundárias, era comum os alunos abandonarem uma língua indígena se considerassem que era difícil para eles, mas era obrigatório ensinar inglês e ninguém estava autorizado a abandoná-la como disciplina. Além disso, as escolas secundárias tendem a oferecer Shona ou Ndebele (como disciplinas, sendo o inglês o meio de instrução), independentemente do facto de alguns alunos poderem não ser falantes destas línguas. Tendo frequentado um colégio interno privado em Mashonaland East, a única língua indígena oferecida era o Shona, apesar de os alunos virem de todas as províncias do Zimbabué. Um falante de ndau ou um falante de manyika é, portanto, obrigado a estudar shona como língua, apesar de não ser a sua língua materna. Isto pode ter afetado o seu desempenho ao ponto de optarem por abandonar a disciplina, uma vez que lhes era impossível fazer um exame com sucesso. Esta situação é comum na maioria das escolas, especialmente nas escolas privadas e nos internatos. Numa política linguística ideal e com bons recursos para as escolas, o estudo de uma língua indígena importante não nativa, como o Shona ou o Ndebele, pode ser útil para os alunos das minorias - mas não se a política os prejudicar diretamente em comparação com os falantes da língua maioritária e não promover as suas próprias línguas minoritárias

Na prática, é muito pouco provável que uma escola ofereça mais do que uma língua indígena como disciplina. Isto pode dever-se à falta de professores formados e de recursos linguísticos, ou ao facto de as autoridades não verem qualquer importância nas línguas indígenas, o que faz com que a oferta de apenas uma sirva de disfarce. É comum que as escolas ofereçam a língua inglesa como disciplina e a literatura inglesa como outra, enfatizando a importância do inglês, mas a literatura numa língua indígena nunca é ensinada como uma disciplina separada. Quer isto dizer que não há nada que valha a pena analisar escrito em línguas indígenas? De facto, existe escrita popular e literária pelo menos em shona e ndebele, com alguns autores bem conhecidos como Mlilo (um romancista ndebele), Aaron Chiundura Moyo (um romancista e dramaturgo shona) e Charles Mungoshi (um escritor e editor).

Este facto realça ainda mais a ideia de que as línguas indígenas não são consideradas importantes para o futuro de um estudante, daí o facto de poderem optar por não continuar a estudá-las. No entanto, esta tendência alterou-se ligeiramente com a Lei da Educação de 2002, quando as línguas indígenas passaram a ser tidas em consideração. No entanto, a ênfase no inglês fez com que alguns grupos esquecessem as suas línguas, o que fez com que algumas delas ficassem em perigo. O sistema educativo tem como modelo o inglês, o shona e o ndebele, o que fez com que as outras línguas fossem negligenciadas. Um bom exemplo de línguas que estão atualmente em perigo de extinção são o Barwe e o Tsoa. O barwe é uma língua falada na província de Mashonaland, no distrito de Nyanga, na zona de Nyamaropa, nas alas de Mashumba, Sangoma e Mbiriyade (no nordeste - ver mapa na figura 1, capítulo 4), enquanto o tsoa é falado no distrito de Bulilimamangwe, em Matebeleland South, e nos distritos de Hwange e Tsholotsho, em Matebeleland North (ao longo da fronteira ocidental com o Botsuana, ver www.ethnologue.com/country/zw/languages). Estas línguas não são designadas como línguas oficiais: na sua maioria, foram relegadas para um estatuto inferior e para domínios informais, tendo-lhes sido negada a oportunidade de se desenvolverem e de serem aceites em domínios formais (Ferguson 2006).

Embora a Constituição consagre 16 línguas como línguas oficiais, a sua utilização ainda não se estende claramente ao sistema educativo ou mesmo ao governo, uma vez que o inglês continua a dominar como língua do governo e da educação. Nem todas as línguas maternas são utilizadas como meios de instrução nas escolas primárias, sendo as mais utilizadas o Shona e o Ndebele. Uma análise da distribuição das escolas por províncias mostra que a província de Manicaland tem o maior número de escolas primárias e em Manicaland fala-se uma língua minoritária chamada Manyika (ilustrada no mapa da Figura 1 do Capítulo quatro). Esta é uma língua que não está incluída nas 16 línguas oficiais do Zimbabué. Por conseguinte, os alunos desta área têm de ser ensinados em Shona ou Ndebele desde o primeiro ao terceiro ano, tal como estipulado na Lei da Educação, o que significa que estes alunos não têm a oportunidade de aprender na sua língua materna. A partir da informação apresentada no quadro 5 sobre a distribuição das escolas por província, é evidente que a maior parte das escolas primárias do Zimbabué se situam em zonas predominantemente de língua Shona.

Isto leva-nos de novo à questão das desigualdades perpetradas pelas políticas linguísticas. A política linguística do Zimbabué em matéria de educação parece criar desigualdades entre os alunos, concedendo privilégios a alguns e marginalizando outros. No ensino primário, as pessoas que estão em vantagem são aquelas cujas línguas são indicadas como meios de instrução do primeiro ao terceiro ano, tendo assim a oportunidade de aprender na sua língua materna, o que é fundamental para a educação inicial de uma criança (Unesco 1953, 2003). Este cenário é melhor ilustrado pelos resultados da sétima classe de 2011 apresentados no quadro 4 do Capítulo 4, em que Harare (uma região urbana de língua Shona) e Bulawayo (a segunda maior cidade e uma região de língua Ndebele) registaram as taxas de aprovação mais elevadas em comparação com outras províncias. Estas regiões utilizam as duas línguas autóctones mais faladas como meios de ensino desde o primeiro ano até ao fim do terceiro ano (embora se tenha questionado acima até que ponto foram influenciadas pela política linguística europeia). Harare registou uma taxa de aprovação de 58,7%, enquanto Bulawayo teve uma taxa de aprovação de 64%. No entanto, a maior parte dos alunos, especialmente os que vivem em zonas onde se falam línguas minoritárias, por exemplo, o caso de Manyika acima ilustrado, têm de aprender numa língua que não falam em casa, o que, por si só, afecta inevitavelmente a sua compreensão da matéria ensinada e, por conseguinte, tem um impacto negativo no seu desempenho. De acordo com Alexander (2004), o facto de o Zimbabué, tal como a África do Sul, estar a tentar afastar-se do domínio da língua inglesa não determina a valorização, a equiparação e a intelectualização das línguas africanas autóctones. O fracasso generalizado desta política demasiado otimista promove, de facto, uma dispensa unilingue e apenas em inglês. Onde é que esta situação deixa as línguas africanas? Alexander (2004) afirma ainda que o obstáculo mais difícil no caminho do rápido desenvolvimento das línguas africanas é o que Ngugi waThiong'o chamou "a mente colonizada". Isto significa que a grande maioria da população negra não acredita que as suas línguas indígenas possam ou devam ser utilizadas para funções de ordem superior. Esta é a razão pela qual o Zimbabué, tal como a maioria dos países africanos a sul ou a leste do Sara - com excepções notáveis, mas não menos irregulares, como a Tanzânia, a Somália, a Etiópia e a Eritreia - continua a promover uma política neocolonial em que o inglês domina as alturas de comando (Alexander 2004). Este argumento sublinha o papel causal das atitudes linguísticas, mas talvez não exprima adequadamente a sua inter-relação com as práticas linguísticas - uma vez que a mudança em ambas deve ser um objetivo da política linguística - e com as políticas linguísticas, que claramente nascem em parte das atitudes populares. O progresso exigirá mudanças em todos os três componentes.

Embora seja evidente que o Zimbabué implementou políticas linguísticas destinadas a promover a utilização das línguas africanas, os resultados dessas políticas têm sido sobretudo negativos. Os esforços feitos a nível regional para incorporar as línguas indígenas na educação, como os discutidos na Declaração de Harare (1997) e na Declaração de Asmara (2000), também produziram resultados negativos no Zimbabué e em África como um todo. De acordo com Kamwangamalu (2009:134), estas políticas "não conseguiram atingir o objetivo para o qual foram concebidas, nomeadamente promover a utilização das línguas africanas em domínios mais elevados como a educação". Muito pouco foi feito para alterar o que foi transmitido pelo colonialismo (Prah, 1995 citado em Kamwangamalu 2009). Este fracasso da política linguística pode ser atribuído à interação de várias ideologias linguísticas (e outras) concorrentes. Estas incluem desenvolvimento versus descolonização, globalização versus localização, e o legado de políticas linguísticas coloniais herdadas (Kamwangamalu 2009:134). As políticas parecem manter a herança colonial que ainda associa as línguas africanas à tradição (étnica) e à cultura e não ao desenvolvimento socioeconómico (Banda 2009).

Banda (2009) argumenta ainda que as línguas africanas são promovidas, mas como sistemas autónomos e limitados ligados a comunidades homogéneas igualmente autónomas, regiões e até aldeias distantes. Esta imagem, influenciada por visões europeias da língua e da história, ignora tanto a natureza do contacto e da continuidade linguística na África Austral, como o facto de atitudes e práticas semelhantes ligarem comunidades linguísticas minoritárias desvalorizadas. Para Banda, apesar de o inglês e outras línguas europeias fazerem parte da paisagem multilingue, os investigadores em educação linguística em África parecem favorecer políticas que restringem o ensino do inglês a fases mais avançadas da educação da criança. Isto significaria substituir uma educação mooligual baseada na língua materna nos primeiros anos por uma educação monolingue baseada no inglês nos últimos anos da educação de uma criança. É este o cenário com que os zimbabueanos se deparam. Como vimos anteriormente, no Zimbabué, uma criança tem de passar para uma educação monolingue baseada no inglês depois do terceiro ano, e algumas escolas têm uma educação totalmente em inglês desde o primeiro dia em que o aluno entra na escola.

Tal como observado por Djite (2006), África é o único continente que não possui o seu próprio sistema coletivo de auto-reprodução no planeamento da língua-em-educação - isto é, um sistema que transmite as línguas locais de uma geração para a seguinte, com um desenvolvimento adequado. A língua-em-educação em África é largamente exógena à sociedade que procura servir e muito pouco tem sido feito para mudar esta situação (Ki-Zerbo 1990:16 citado em Djite 2006). No ensino secundário do Zimbabué, por exemplo, as línguas africanas não foram experimentadas como meios de instrução e os próprios zimbabueanos parecem relutantes em ter as línguas indígenas como meios de instrução - e este é o cenário na maioria dos países africanos (Tiffen 1968).

Existe a convicção generalizada de que uma educação baseada no inglês é a porta de entrada para um melhor emprego e um melhor estatuto socioeconómico. Por si só, a educação é um pilar da economia de um país e tem de produzir resultados positivos para que o desenvolvimento seja efetivo. É difícil não ver que o sistema de ensino baseado no inglês no Zimbabué não produziu resultados positivos. A maior parte dos estudantes obtém maus resultados nos seus anos de ensino secundário, não por falta de conhecimentos da matéria, mas por falta de conhecimentos adequados da língua de ensino. Os dados sobre as taxas de aprovação desde o início da década de 1990, ilustrados no anexo 1, mostram que a taxa de aprovação tem sido geralmente baixa, tanto no ensino primário como no secundário. Os resultados do sétimo ano de 2014 mostram que os alunos obtiveram os melhores resultados nas disciplinas de línguas indígenas, o que é uma indicação de que compreendem melhor as suas línguas maternas do que o inglês. É evidente a necessidade de aprenderem nestas línguas, pelo menos no ensino primário até ao sétimo ano, enquanto aprendem inglês como língua, o que tornará mais suave a transição para um sistema de ensino totalmente em inglês. Os resultados do nível O de 1998 a 2013 também mostram que a taxa de aprovação continua a ser muito baixa, sendo a mais elevada alguma vez registada de 20%, enquanto os alunos têm um desempenho mais fraco na língua inglesa, apesar de a afetação de tempo, tal como consta do quadro 2 (capítulo 4), indicar que o inglês é mais utilizado do que qualquer outra disciplina. Como é que isto pode ser uma porta de entrada para melhores empregos e estatuto económico, se a maioria dos candidatos que se apresentam aos exames não consegue passar? São apenas alguns zimbabweanos que beneficiam deste cenário, o que realça ainda mais o facto de a política criar desigualdades entre os alunos.

5.3   O argumento a favor do ensino da língua materna no sistema educativo do Zimbabué

O Zimbabué tem tentado eliminar tudo o que tenha raízes na era colonial, o que inclui a redistribuição de terras e a declaração das línguas indígenas como línguas oficiais. No entanto, muito pouco foi feito para tentar corrigir o domínio da língua inglesa no sistema educativo. A lei da educação estipula que as línguas indígenas, principalmente o shona e o ndebele, devem ser utilizadas como meios de transmissão nos primeiros três anos do ensino primário e que o inglês passa a dominar a partir do quarto ano e até ao ensino superior. Significa isto, portanto, que as línguas africanas não são suficientemente boas para servirem de meios de transmissão no ensino superior ou nos graus mais elevados? Há uma tendência no Zimbabué para os estudantes e mesmo os pais preferirem uma educação totalmente em inglês. Este preconceito tem as suas raízes na opinião bem vendida de que o inglês é a única porta de entrada para um emprego melhor, uma vida social melhor (i.e. ocidentalizada) e prestígio. Há que ter em conta que o facto de ensinar os alunos em inglês pode ter os seus efeitos negativos. De acordo com a conferência de peritos da Unesco que se reuniu em Paris em 1951, o melhor meio para ensinar uma criança é a sua língua materna, uma vez que, do ponto de vista psicológico, é o sistema de sinais significativos que funciona automaticamente na sua mente para expressão e compreensão, enquanto que, do ponto de vista sociológico, actua como um meio de identidade e um sentimento de pertença à sua comunidade e, do ponto de vista educativo, aprendem mais rapidamente através da sua língua materna do que numa língua desconhecida como o inglês.

É altamente improvável que os alunos adquiram um bom domínio da língua inglesa até ao final do terceiro ano de escolaridade, de modo a que todas as disciplinas sejam leccionadas em inglês. Como se vê em Cummins (2009:22), há três aspectos diferentes de proficiência numa língua: (a) fluência de conversação, (b) competências linguísticas discretas, e (c) proficiência linguística académica. A proficiência académica é o que os alunos do Zimbabué precisam a partir da quarta classe. Este nível de proficiência exige o conhecimento do vocabulário menos frequente do inglês, bem como a capacidade de interpretar e produzir trabalhos escritos de qualidade e complexos em inglês (Cummins 2009). Por conseguinte, estes alunos precisam de tempo para aprender a língua durante alguns anos para atingirem a proficiência académica, mas isto é algo que parece faltar na educação zimbabweana. Este facto é visível no seu desempenho nos exames da sétima classe. Muitos alunos abandonam a escola por volta do sétimo ano, antes de se apresentarem aos exames, e apenas um pequeno número dos que se apresentam aos exames consegue passar.

Não só os alunos têm um fraco domínio da língua de ensino, como também os professores têm um conhecimento limitado da mesma. O Zimbabué ainda tem muitos professores sem formação nas suas escolas. As áreas de formação, tal como se mostra no capítulo 4, não se centram no inglês como meio de instrução. Como pode então um professor sem formação ensinar um aluno numa língua que lhes é estranha?

Em suma, se considerarmos todos os esforços envidados até à data para resolver o problema da língua na educação, todos eles produziram resultados negativos. Durante a Declaração de Harare de 1997, a principal questão discutida foi a das línguas africanas na educação. Passaram quase duas décadas desde então e nada mudou efetivamente no sistema educativo do Zimbabué. A verdade é que, em vez de abraçarem as línguas africanas nas escolas, os pais zimbabuenses parecem estar a favor de uma educação totalmente em inglês para os seus filhos, por ser a porta de entrada para melhores empregos e uma vida melhor. Tendo em conta o que a investigação sobre a política linguística tem explorado, esta política linguística está a criar, perpetuar e explorar as desigualdades entre os alunos, concedendo privilégios a alguns e marginalizando outros. No Zimbabué, o número de alunos que abandonam a escola em todos os grupos etários é mais elevado nas zonas rurais do que nas zonas urbanas. Uma das razões para este facto pode ser as restrições financeiras, mas a língua também desempenha um papel importante. O inglês é, por norma, a única língua de ensino a partir do quarto ano. É importante notar que a maioria das escolas primárias se situa em zonas rurais, onde a população é monolingue e, por conseguinte, os alunos falam apenas a sua língua materna. Os alunos das zonas urbanas estão mais familiarizados com o inglês do que os das zonas rurais e, por isso, tendem a ter um melhor desempenho e estão motivados para continuar, ao contrário do que acontece com os alunos das zonas rurais.

A escolha do inglês como meio de instrução nas escolas do Zimbabué é injusta e pode ser considerada como um caso de imperialismo linguístico, com o inglês a dominar as salas de aula em detrimento das línguas indígenas (Joseph 2006).

Será extremamente difícil para o Zimbabué e para o continente africano como um todo excluir o inglês da sua governação, do seu sistema educativo e até do seu sistema social. Estudiosos como Rao et al (2010) sublinharam que o inglês não deve ser excluído em África, uma vez que expor as crianças ao inglês desde muito cedo pode ser visto como algo positivo e, assim, melhorar a literacia (Weber 2014). Vaish (2005), citado em Weber (2014), argumenta que o inglês pode ajudar os desfavorecidos e os privados de direitos a aceder à economia global. Estes pontos de vista devem ter em conta a ecologia linguística global em países como o Zimbabué. Weber (2014) escreve que seria útil tanto para os estudantes como para o país se o governo pudesse adotar políticas que promovessem o multilinguismo ou o bilinguismo, oferecendo assim acesso às línguas locais e globais. Os países africanos devem, portanto, aceitar o facto de que o inglês faz agora parte da sua sociedade e que será difícil livrarem-se dele. Por conseguinte, devem ser implementadas políticas que favoreçam a manutenção das línguas locais e da língua inglesa.

CAPÍTULO 6

CONCLUSÕES

6.1 Resumo

A partir da informação dada nos capítulos quatro e cinco, é evidente que o ensino baseado no inglês no Zimbabwe está longe de ser satisfatório. Os decisores políticos não estão a apostar no inglês como língua de ensino porque o país está a beneficiar com isso, pois é evidente que os benefícios são poucos. Apenas um pequeno número de alunos consegue passar nos exames, o que significa que a maioria não consegue prosseguir para o ensino superior, o que significa que as suas hipóteses de obter empregos mais bem pagos são inexistentes. A estrutura do sistema educativo não está a ajudar o estado das línguas africanas, uma vez que algumas delas já estão ameaçadas, pois a ênfase é colocada no inglês. Apesar de o inglês ser a língua de ensino, a maioria das pessoas não consegue obter um grau C ou superior nos seus exames, o que significa que não têm conhecimentos suficientes da língua. A política linguística do Zimbabué continua a promover a utilização da antiga língua colonial, o inglês, em detrimento das línguas locais, e parece não ser dada qualquer importância às línguas indígenas, uma vez que continua a ser aceitável que um aluno chumbe uma língua indígena, pois isso não afecta a sua passagem para o nível de ensino seguinte. Era comum que os alunos desistissem de uma língua indígena antes de fazer um exame e isso foi permitido até 2006, altura em que o governo aprovou uma alteração à política de educação com a esperança de promover ainda mais as línguas indígenas no ensino. No entanto, as línguas autóctones ainda não fazem parte das disciplinas obrigatórias que um aluno deve passar para obter um certificado completo do nível O, que é utilizado para passar para o nível A ou para as escolas profissionais. A utilização do inglês na educação no Zimbabué tem causado desigualdades, na medida em que a maioria das publicações, tanto académicas como científicas, são feitas em inglês, prejudicando assim as línguas locais (Ferguson 2006). Além disso, a transição para um ensino totalmente em inglês no Zimbabué ocorre demasiado cedo, o que não facilita a aquisição das competências necessárias em inglês, que é sobretudo uma segunda língua para estes alunos. São necessários níveis elevados de proficiência em inglês para um melhor acesso ao currículo e a razão pela qual os alunos têm um mau desempenho nos exames finais deve-se ao facto de não conseguirem compreender plenamente o material devido às barreiras linguísticas (Heugh 2009). É necessário que o Zimbabué inverta a hegemonia do inglês, uma vez que esta ameaça a sobrevivência de outras línguas minoritárias e prejudica a qualidade do ensino.

6.2 AVALIAÇÕES

O Zimbabué não pode ser considerado um país multilingue, uma vez que tem duas línguas dominantes e a maioria da sua população fala shona. É improvável que a sua política de 16 línguas oficiais produza resultados positivos, uma vez que o país não dispõe de recursos suficientes para aplicar essa política. Embora tenha sido considerado o país com a taxa de alfabetização mais elevada de África desde o final da década de 1980, o Zimbabué falhou no seu sistema educativo ao promover o imperialismo linguístico nas salas de aula, continuando a utilizar o inglês como meio de instrução nas escolas primárias e secundárias. A ênfase excessiva na importância do inglês está a levar tanto os alunos como os pais a optarem por uma educação totalmente em inglês, pois acreditam que é a porta de entrada para um melhor emprego e um melhor estilo de vida. A proficiência em inglês está sobretudo associada à sofisticação, não só no Zimbabué mas na maior parte dos países africanos.

As taxas de aprovação indicam claramente que a maioria dos alunos reprova nos exames e que a língua inglesa é a disciplina mais reprovada, o que sugere que os alunos não têm competência na língua, o que também afecta o seu desempenho noutras disciplinas que são ensinadas em inglês. Isto parece responder às questões colocadas na investigação. O inglês não deve ser a única língua utilizada como meio de ensino no Zimbabué, é necessário utilizar as línguas indígenas e isto pode ser feito lado a lado com o inglês, promovendo assim o bilinguismo e não o monolinguismo.

6.3   RECOMENDAÇÕES

É evidente que os decisores políticos têm de olhar para o sector da educação e ver que o inglês como língua de ensino tem o seu problema e que as línguas africanas devem ser consideradas como línguas de ensino, pelo menos no nível primário, para que os alunos tenham proficiência na língua de ensino. Por conseguinte, este estudo recomenda

1. Dar prioridade às línguas autóctones no ensino primário, uma vez que são línguas mais bem compreendidas pelos alunos, e ao ensino do inglês como língua, a fim de facilitar a transição para um sistema de ensino totalmente baseado no inglês. Deve ser promovido o multilinguismo, que se baseia na língua materna, criando ao mesmo tempo espaço para a aprendizagem de outras línguas. O inglês monolingue não deve ser substituído por uma língua africana

2. A política de educação deveria ser alterada de modo a estar actualizada em relação à nova Constituição e, assim, incluir todas as línguas indígenas declaradas como línguas oficiais como línguas de ensino nas escolas primárias. A lei da educação indica explicitamente o inglês, o shona e o ndebele como línguas de ensino no ensino primário e as outras línguas não são mencionadas, mas apenas que o Ministro da Educação pode autorizar a utilização de outra língua indígena como meio de ensino. Por conseguinte, é necessário que a política seja clara quanto às línguas indígenas que devem ser utilizadas como meio de instrução e quais as que estão excluídas, uma vez que é evidente que não existem professores com formação suficiente para ensinar estas línguas e que existe muito pouco material escrito ou manuais escolares nestas línguas.

3. Para que o Zimbabué possa produzir resultados positivos no seu sector educativo, é necessário colocar a tónica na qualidade e não na quantidade de alunos que se matriculam nas escolas, pois as estatísticas apresentadas no capítulo 4 do presente documento mostram claramente que a maioria dos alunos que se matriculam nas escolas reprova nos exames finais. O facto de o Zimbabué ter ainda um número significativo de professores sem formação também prejudica a qualidade dos produtos e é necessário concentrar-se na formação de professores com ênfase na língua de ensino, ou seja, as línguas indígenas no nível primário e a língua inglesa no nível secundário.

4. Deveria haver um controlo e uma monitorização das escolas de modo a garantir que as políticas de educação estão a ser implementadas, uma vez que é comum no Zimbabué as escolas utilizarem o inglês como meio de instrução desde o primeiro dia em que o aluno entra na escola, privando assim o aluno do direito de aprender na sua língua materna.

5. As escolas rurais e urbanas deveriam dispor de recursos iguais sob a forma de livros e professores. Os professores qualificados estão geralmente concentrados nas zonas urbanas, o que prejudica as zonas rurais. Por conseguinte, os professores devem ser colocados de forma igual nas zonas rurais e urbanas e todos os recursos devem ser distribuídos de forma igual para que todos os alunos beneficiem.

REFERÊNCIAS

Adegbite, W (2004) Enlightenment and Attitudes of the Nigerian Elite on the Roles of Languages in Nigeria in Muthwii, M. J and Kioko, A.N (eds)New Language Bearings in Africa: A Fresh Quest. Clevedon: Multilingual Matters Ltd.

Alexander, N (1989). Language policy and National Unity in South Africa/Azania (Política linguística e unidade nacional na África do Sul/Azânia). África do Sul: Buchu Books.

Alexander, N (2004). The Politics of Language Planning in Post-Apartheid South Africa. Language Problems and Planning 28:2, 113-130. Recuperado em 15 de maio de 2016. Editora John Benjamins

Alexander, N (2006). Socio-political factors in the Evolution of Language policy in postApatheid South Africa in Putz et al. (eds). 'Along the Routes to Power'. Explorations of Empowerment through Language. Berlim e Nova Iorque: Mouton de Gruyter

Alexander, N (2009). The Impact of the Hegemony of English on Access to and Quality of Education with Special Reference to South Africa in Harbert, W (ed). Language and Poverty (Língua e Pobreza). Bristol: Multilingual Matters.

Allan, K (1978). Nação, Tribalismo e Língua Nacional: O caso da Nigéria. In: Cahiers d'etudes africainer, Vol 18, No. 71, pp 397-415. Recuperado em 25 de abril de 2016. http://www.persee.fr/doc/cea 0008-0055 1978 num 18 71 2383.

Baldauf, R.B e Kaplan, R.B eds. (2004). Language Planning and Policy in Africa, Vol 1 Botswana, Malawi, Moçambique e África do Sul. Clevedon: Multilingual Matters Ltd.

Ball, J (2010). Equidade educativa para crianças de origens linguísticas diversas: Educação bilingue ou multilingue baseada na língua materna nos primeiros anos. Recuperado em 07 de agosto de 2016. https://dspace. library.uvic.ca/bitstream/handle/1828/2457/ UNESCOSummary2010.pdf? sequence+ 1&isAllowed+y.

Banda, F (2009). Perspectivas críticas sobre o planeamento e a política linguística em África: Accounting for the Notion of Multilingualism, Stellenbosch Papers in Linguistics PLUS, Vol. 38. 1-11. Recuperado em 21 de maio de 2016. www.sun025.sun.ac.za/portal/Arts/Departments/linguistics/ documents/ SPILPLUS38 Banda. pdf

Batibo, H.M (2009). Poverty as a Crucial Fator in Language Maintenance and Language Death: Case Studies from Africa in Harbert, W (ed). Language and Poverty (Língua e Pobreza). Bristol: Multilingual Matters.

Benson, C (2005). A importância da escolaridade baseada na língua materna para a qualidade educativa. Retrieved 07 August 2016 www.langpolicy.saschina.wikispaces.net/file/view/the+ Importance+ of+ Mother+ Tongue+ in+ Language+Instruction.pdf

Blommaert, J (2006). National Identity in Ricento, T (eds). An Introduction to Language Policy: Theory and Method. Oxford: Blackwell Publishing Ltd.

Brutt-Griffler, J (2006). Language Endangerment, the Construction of Indigenous Languages and *World English* in Putz et al. (eds). *Along the Routes to Power'. Explorations of Empowerment through Language.* Berlim e Nova Iorque: Mouton de Gruyter.

Conner, T (2004). *Language Systems in South Africa and Their Parallels to the Linguistic Struggle of Blacks in the U.S.* Retrieved 23 May 2016 www.web.stanford.edu

Crystal, D (1997). *English as a Global Language.* Cambridge: Cambridge University Press.

Currey, J (1981). A Linguagem da Literatura Africana. Decolonising the Mind: The Politics of Language in African Literature.

Chebanne e Nthapelelang (2000). Relatório do Etnólogo para o Zimbabué em Lewis, M. Paul, Gary F. Simons e Charles D. Fennig (eds.). 2016. Ethnologue: Languages of the World, Nineteenth edition. Dallas, Texas. Recuperado em 25 de julho de 2016: http://archive.ethnologue.com/16/show country.asp?name=ZW

Chumbow, B.S (2005). Language Question and National development in Africa in Mkandawire, T (ed). African Intellectuals: Rethinking Politics, Language, Gender and Development. Londres e Nova Iorque: Zed Books Ltd.

Day, R.R (1985). The Ultimate Inequality: Linguistic Genocide in Wolfson, N and Manes, J (eds). Language of Inequality (Linguagem da Desigualdade). Berlim, Nova Iorque e Amesterdão: Mouton Publishers.

Efurosibina Adegbija (2004) Language Policy and Planning in Nigeria, Current Issues in Language Planning, 5:3, 181-246.

Ferguson, G (2006). Language Planning and Education. Edinburgh: Edinburgh University Press.

Governo da África do Sul (1997) Política de línguas na educação. Recuperado em 13 de maio de 2016

Governo do Zimbabué (2013). Constituição do Zimbabué. Harare: Impressoras do Governo do Zimbabué

Governo do Zimbabué. (1987) Zimbabwe Education Act. Harare: Impressoras do Governo do Zimbabué.

Governo do Zimbabué (2004). Lei da Educação do Zimbabué. Harare: Impressoras do Governo do Zimbabué

Governo do Zimbabué (2005). Lei de Alteração da Educação do Zimbabué. Harare: Zimbabwe Government Printers.

Harbert, W (2009). Language and Poverty (Língua e Pobreza). Bristol Multilingual Matters.

Hill, L (2010) Língua e estatuto: On the limits of Language planning. Stellenbosch Papers in Linguistics, Vol. 39, 41-58. Recuperado em 15 de maio de 2016.

Heugh, K., 2008. Language policy and education in Southern Africa in S and Hornberger (eds). Encyclopaedia of Language and Education. 2nd Edition Vol 1: Language Policy and Political Issues in Education, 355-367. Springer US

Heugh, K (2005). Literacia e Educação Bi/multilingue em África: Recovering Collective Memory and Expertise in Skutnabb-Kangas, T et al (eds). Social Justice Through Multilingual Education (Justiça Social através da Educação Multilingue). Bristol: Multilingual Matters.

Johnstone e Mandryk (2001) Ndebele: A Language of Zimbabwe in Gordon, Raymond G., Jr. (ed.), 2005. Ethnologue: Languages of the World, Fifteenth edition. Dallas, Texas

Joseph, J.E (2006). Language and Politics. Edinburgh: Edinburgh University Press.

Kamwangamalu, N.M (2004). A situação do planeamento linguístico na África do Sul in Baldauf, R.B e Kaplan, R.B eds. Language Planning and Policy in Africa, Vol 1 Botswana, Malawi, Mozambique and South Africa. Clevedon: Multilingual Matters Ltd.

Kamwangamalu, N.M (2009). Reflections on the Language Policy Balance Sheet in Africa, Language Matters 4012, 133-144: DOI: 10.1080/10228190903188567: Recuperado em 18 de maio de 2016 http://dx. do.org/ 1080/10228190903188567.

Kamwangamalu, N.M (2016). Política linguística e economia: A questão linguística de África. Londres: McMillan Publishers Ltd.

Kaschula, R.H. (2004). A Política Linguística Nacional da África do Sul Revisitada: O desafio da implementação, Alternation 11.2: 10-25 ISSN 1023-1757. Recuperado em 17 de maio de 2016.

www.altemation. ukzn. ac.za/files/docs/11.2/02kas.pdf

Kododo, W (2015). Implementação da Lei de Alteração da Educação de 2006 sobre as Línguas Indígenas no Zimbabué: Um Estudo de Caso do Médio Shangaan nas Escolas Primárias do Agrupamento 2 no Distrito de Chiredzi. Revista Internacional de Aprendizagem, Ensino e Investigação Educacional Vol. 11, N.º 1, pp 117-127

Makoni, S. (2011) A Critical analysis of the Historical Contemporary Status of Minority Languages in Zimbabwe [Uma análise crítica do estatuto histórico e contemporâneo das línguas minoritárias no Zimbabué]. Questões actuais no planeamento linguístico 7, 3777-414

Mkandawire, T (2005) ed. African Intellectuals: Rethinking Politics, Language, Gender and Development. Londres e Nova Iorque: Zed Books Ltd

Muthwii, M. J e Kioko, A.N eds. (2004) New Language Bearings in Africa: A Fresh Quest. Clevedon: Multilingual Matters Ltd

Ngcobo, M (2007). Planeamento, política e implementação de línguas na África do Sul. Recuperado em 15 de maio de 2016.

Nhongo, R (2013). Uma política linguística nacional para o Zimbabué no século XXI: Myth or Reality in Journal of Language Teaching and Research Vol. 4, No. 6 pp 1208-1215. Recuperado em 23 de abril de 2016 www.academypublication.com/issues/past/jltr/vol04/06/08/pdf

Orman, J (2008). Language Policy and Nation Building in Post-Apartheid South Africa (Política Linguística e Construção da Nação na África do Sul Pós-Apartheid). Viena: Springer.

Ouane, A. e Glanz, C. (2005). Literacia na língua materna na África Subsariana. Um documento sobre os resultados preliminares realizados pela ADEA e pelo Instituto de Educação da UNESCO. Recuperado em 07 de agosto de 2016. http:// docs.google.com/viewer

Ouane, A e Glanz, (2010). Porquê e como África deve investir na língua africana e no ensino multilingue: An Evidence-and Practice-based Policy Advocacy Brief. Hamburgo: Instituto da UNESCO para a Aprendizagem ao Longo da Vida.

Pennycook, A (2013). The Cultural Politics of English as an International Language [A política cultural do inglês como língua internacional]. Londres e Nova Iorque: Routledge.

Peresuh, M e Masuku, J (2002). O papel da língua primária na educação bilingue e bicultural no Zimbabué. Zambézia 29 (1), pp 27-37.

Phillipson, R (1992). Linguistic Imperialism. Oxford: Oxford University Press.

Phillipson, R (1997). Realities and Myths of Linguistic Imperialism, Journal of Multilingual and Multicultural Development, 18:3, 238-248. DOI: 10.1080101434639708666317. Recuperado em 06 de julho de 2016. http://doi.org/10.1080/01434639708666317.

Phillipson, R (2006). Language Policy and Linguistic Imperialism in Ricento, T (2006) ed, An Introduction to Language Policy: Theory and Method. Oxford: Blackwell Publishing Ltd.

Phillipson, R (2009). Linguistic Imperialism Continued [Imperialismo Linguístico Continuado]. Nova Iorque e Londres: Routledge.

Phillipson, R (2009). The Tension Between Linguistic Diversity and Dominant English [A tensão entre a diversidade linguística e o inglês dominante] in Skutnabb-Kangas, T et al (eds). Social Justice Through Multilingual Education [Justiça social através da educação multilingue]. Bristol: Multilingual Matters.

Putz et al. (2006) ed. 'Along the Routes to Power'. Explorations of Empowerment through Language. Berlim e Nova Iorque: mouton de Gruyter.

Ricento, T (2006) ed, An Introduction to Language Policy: Theory and Method. Oxford: Blackwell Publishing Ltd.

Rubagumya, C.M (1990) ed. Language in Education in Africa: A Tanzanian Perspective. Bristol: Multilingual Matters Ltd.

Rubagumya, C.M (1990). Language in Tanzania in Rubagumya, C.M (ed). Language in Education in Africa: A Tanzanian Perspective. Bristol: Multilingual Matters Ltd.

Shizha, E e Kariwo, M.T (2011). Desenvolvimento da educação no Zimbabué: uma análise social, política e económica. Roterdão: Sense Publishers.

Skutnabb-Kangas, T (2012). *Genocídio Linguístico na Educação - ou Diversidade Mundial e Direitos Humanos?* New York: Routledge.

Smith, R. *Questões críticas para o ELT do século XXI: O que é o inglês? Métodos de quem? Que cultura?* Obtido em 27 de maio de 2016: https://www2.warwlck.ac.uk

Declaração de Harare sobre as Línguas Africanas 1997: Conferência Intergovernamental dos Ministros sobre as Políticas Linguísticas em África: Harare: 2-21 de março de 1997.

Declaração de Asmara sobre as línguas e literaturas africanas (2000). Asmara. Recuperado em 03 de julho de 2016: https://www0.sun.ac.za/taalsenttum/assets/files/Asmara%20Declaration.pdf.

Tollefson, J.W (2006). *Teoria crítica em política linguística* in Ricento, T (ed). *An Introduction to Language Policy Theory and Method.* Oxford: Blackwell Publishing Ltd.

Tondhlana, J (2002). *Using Indigenous Languages for Teaching and Learning in Zimbabwe (Utilização de línguas indígenas no ensino e aprendizagem no Zimbabué).* Recuperado em 03 de julho de 2016: http://j an.ucc.edu/~j ariILAC.

UNESCO (1953). *O uso de línguas vernáculas na educação.* Recuperado em 16 de julho de 2016: http://unesdoc.unesco.org/images/0012/001297/129728e.pdf.

UNESCO (1997). *Conferência Intergovernamental sobre Políticas Linguísticas em África: o relatório final.* Harare, Zimbabué. UNESCO

UNESCO (2001). O Desenvolvimento na Educação: O Sistema de Educação no final do século 20th . Relatório Nacional da República do Zimbabué. Harare: Gabinete Internacional de Educação da UNESCO

UNESCO (2010/1). Dados mundiais sobre a educação. Recuperado em 17 de julho de 2016: www.ibe.unesco.org/ sites/ default/ Zimbabwe.pdf.

UNESCO (2003). Educação num Mundo Multilingue. Recuperado em 17 de julho de 2016: http://unesdoc. unesco. org/ images/0012/001297/129728e.pdf.

Van de Walt, C (2006). Viver através das línguas: An African Tribute to Rene Dirven. Stellenbosch: Sun

Press.

waThiong'o Ngugi (1981). A Linguagem da Literatura Africana em James Currey. The Language of African Literature' Decolonising the Mind: The Politics of Language in African Literature. Londres: Recuperado em 07 de maio de 2016.

Webb, V (2006). A não utilização das línguas africanas na educação em África in Van de Walt, C (ed). Living Through Languages: An African Tribute to Rene Dirven. Stellenbosch: Sun Press.

Weber, J (2014). Educação Multilingue Flexível: Colocar as necessidades das crianças em primeiro lugar. Bristol: Multilingual Matters.

Wolfson, N e Manes, J (1985) eds. Language of Inequality (Linguagem da Desigualdade). Berlim, Nova Iorque e Amesterdão: Mouton Publishers.

Women of Zimbabwe Arise (WOZA) (2010). Looking back to look forward- Education in *Zimbabwe: A WOZA perspective*. Obtido em 06 de agosto de 2016: www.wozazimbabwe.org/wp- content/uploads/ 2010/01/ looking-back-to-look-foward-education-in-zimbabwe-a-woza- perspective1-pdf.

Zimsec (2016). Análise do nível ordinário de novembro de 2015. Recuperado em 25 de julho de 2016: www.zimsec. co.zw/ zimsec-exams/results/2-uncategorised/76-ordinary-level-2015- november- analysis. html.

Estatísticas Nacionais do Zimbabué (2014). Relatório sobre a educação. Obtido em 25 de junho de 2016: http://www. zimstat.co.zw/sites/default/files/img/publications/Education/Education Rep ort.pdf

Artigos de jornais

BBC News 4 de março de 2014. Línguas nigerianas. Recuperado em 01 de junho de 2016: http://www.bbc. co.uk/ news/ blogs-news-from-elsewhere-26432933

Guchu, W (20 de fevereiro de 2014), *Os números não mentem - o estado da nossa educação*. Newsday: Recuperado em 04 de agosto de 2016: https://www.newsday.co.zw/ 2014/02/20/figures-dont-lie-state-education/

Newsday 28 de novembro de 2015. *Línguas indígenas registram a maior taxa de aprovação na 7ª série.* Recuperado em 04 de agosto de 2016: https://www.newsday.co.zw/2015/11/28/ indigenous- languages-record-highest-passrate-at-grade-7

Tafirenyika, M (19 de fevereiro de 2014). *As 100 melhores escolas do 7° ano.* O Daily News: Recuperado em 04 de agosto de 2016: https://www.dailynews.co.zw/articles/2014/02/19/grade-7-top-100-schools.

Johnson (2012). *A língua no Zimbabué. De zero a 16 em tempo recorde.* The Economist (21 de julho[st] 2012). Recuperado em 21 de maio de 2016 www.economist.com/ blogs/ johnson/ 2012/07/language-zimbawe

The Herald 10 de fevereiro de 2015. Nomeadas as 100 melhores escolas O-Level. Recuperado em 05 de julho de 2016: www.herald. co.zw/ best-100-o-level-schools-named/

Chikwanha, H (04 de dezembro de 2013). Os resultados da 7ª série foram divulgados. O Arauto: Recuperado em 05 de julho de 2016: www. herald. co.zw/grade-seven-results-out/

APÊNDICES

Appendix 1:   Taxas de aprovação de 1998 a 2013

Year	Percentage Pass Rate
1998	14.58
1999	15.69
2000	13.88
2001	13.99
2002	13.8
2003	12.8
2004	10.2
2005	12
2006	14.2
2007	9.85
2008	14.44
2009	19
2010	16.5
2011	19.5
2012	18.4
2013	20

Appendix 2:   Taxas de aprovação por tipo de candidato

Subject code	Subject name	Candidates Status	Candidates who took the exam	Grade C or better per Subject	% percentage pass rate of candidates who got Grade C or better
1122	ENGLISH LANGUAGE	School Candidates	164 867	44829	27,19
		Private Candidates	68 632	17 878	26,05

Code	Subject	Candidate Type	Entered	Passed	% Pass
2013	LITERATURE IN ENGLISH	School Candidates	12 097	6 077	55,96
		Private Candidates	373	121	32,44
2042	RELIGIOUS STUDIES A	School Candidates	31 719	18 644	58,78
		Private Candidates	5 114	2 403	46,99
2043	RELIGIOUS STUDIES B	School Candidates	7 074	3 940	58,7
		Private Candidates	776	255	32,86
2167	HISTORY	School Candidates	114 551	55 579	48,52
		Private Candidates	23 004	9 665	42,01
2248	GEOGRAPHY	School Candidates	130 759	50 885	38,92
		Private Candidates	36 315	11 772	32,42
2252	SOCIOLOGY	School Candidates	191	109	57,07
		Private Candidates	85	71	83,53
2283	ECONOMICS	School Candidates	1 570	1 069	68,09
		Private Candidates	260	198	76,15
2292	LAW	School Candidates	-	-	-
		Private Candidates	20	3	15
3011	FRENCH	School Candidates	157	105	66,8
		Private Candidates	-	-	-
3155	NDEBELE	School Candidates	22 970	13 251	57,69
		Private Candidates	3 095	1 344	43,42
3156	TONGA	School Candidates	1 146	670	58,46
		Private Candidates	83	67	80,72
3159	SHONA	School Candidates	118 583	48 081	40,55
		Private Candidates	19 268	5 572	28,92

Code	Subject	Candidate Type	Entered	Passed	% Pass
4008	MATHEMATICS (Non-calculator)	School Candidates	12 331	1 313	10,65
		Private Candidates	9 675	3 140	32,45
4028	MATHEMATICS (Calculator version)	School Candidates	114 236	29 891	26,17
		Private Candidates	80 554	31 256	38,8
4033	ADDITIONAL MATHEMATICS (Non-calculator)	School Candidates	8	0	0
		Private Candidates	5	0	0
4034	ADDITIONAL MATHEMATICS (Calculator version)	School Candidates	149	111	74,5
		Private Candidates	9	3	33,3
4041	STATISTICS	School Candidates	396	362	91,41
		Private Candidates	11	3	42,9
5006	INTEGRATED SCIENCE	School Candidates	77 265	49 145	31,52
		Private Candidates	63 494	22 338	35,18
5008	BIOLOGY	School Candidates	20 634	11 054	53,57
		Private Candidates	2 272	459	20,20
5009	PHYSICAL SCIENCE	School Candidates	7 261	5197	71,57
		Private Candidates	538	294	54,65
5034	AGRICULTURE	School Candidates	46 861	27 560	58,81
		Private Candidates	-	-	-
5055	PHYSICS	School Candidates	5191	4 450	85,73
		Private Candidates	126	62	49,21
5071	CHEMISTRY	School Candidates	5 175	3 500	57,63
		Private Candidates	154	54	35,06
5097	HUMAN AND SOCIAL BIOLOGY	School Candidates	532	184	34,59
		Private Candidates	776	231	29,77

Code	Subject	Candidate Type	Entered	Passed	% Pass
6015	ART	School Candidates	1 670	918	54,97
		Private Candidates	-	-	-
6020	MUSIC	School Candidates	262	182	69,47
		Private Candidates	-	-	-
6035	WOODWORK	School Candidates	3 772	1 695	44,94
		Private Candidates	-	-	-
6045	METALWORK	School Candidates	2169	1 102	50,81
		Private Candidates	-	-	-
6051	FASHION AND FABRICS	School Candidates	21 676	11 440	52,78
		Private Candidates	-	-	-
6064	FOOD AND NUTRITION	School Candidates	4 710	3 578	75,97
		Private Candidates	-	-	-
6078	HOME MANAGEMENT	School Candidates	42	38	90,48
		Private Candidates	-	-	-
7014	COMPUTER STUDIES	School Candidates	3 978	3 194	80,29
		Private Candidates	-	-	-
7035	BUILDING STUDIES	School Candidates	9 038	4 899	54,2
		Private Candidates	-	-	
7049	TECHNICAL GRAPHICS	School Candidates	2 226	1 273	57,19
		Private Candidates	-	-	-
7103	COMMERCE	School Candidates	93 029	35 981	38,68
		Private Candidates	34 320	15 325	44,65
7104	COMMERCIAL STUDIES TYPING	School Candidates	30	26	86,67
		Private Candidates	-	-	-

7105	COMMERCIAL STUDIES PROCESSING	School Candidates	178	117	66,86
		Private Candidates	5	1	20
7106	COMMERCIAL STUDIES ARITHMETIC	School Candidates	5	3	60
		Private Candidates	2	1	50
7112	PRINCIPLES OF ACCOUNTS	School Candidates	32 295	18 233	56,56
		Private Candidates	9 020	4059	45
7166	BUSINESS STUDIES	School Candidates	3 664	1 233	33,65
		Private Candidates	983	246	25,03

Adaptado do relatório do Conselho de Exames Escolares do Zimbabué (Zimsec) (2016).

yes
I want morebooks!

Buy your books fast and straightforward online - at one of world's fastest growing online book stores! Environmentally sound due to Print-on-Demand technologies.

Buy your books online at
www.morebooks.shop

Compre os seus livros mais rápido e diretamente na internet, em uma das livrarias on-line com o maior crescimento no mundo! Produção que protege o meio ambiente através das tecnologias de impressão sob demanda.

Compre os seus livros on-line em
www.morebooks.shop

Printed by Books on Demand GmbH, Norderstedt / Germany